dawn

dawn

Joy McCall

A Stark Mountain Press Book

dawn

Independently Published
joy@joymccall.plus.com

More Books by Joy McCall Can Be Found
On Amazon

Cover photo – dawn in Victoria, British
Columbia. © 2023 by Kate Franks
Canada

Cover design by Larry Kimmel

ISBN: 979-8-3745100-1-0
Imprint: Independently published

In the beginning God created

the heaven and the earth

and the earth was without form and void

and darkness was on the face of the deep;

and the spirit of God moved

upon the face of the waters

and God said 'let there be light'

and there was light;

and God saw the light and it was good

and God divided the light from the darkness.

<>

Genesis 1 – King James Bible

Gratitude

Here is book two of the tanka I wrote in 2022, following Jonathan's 'word of the day' which he sends me.

Thank you again to Larry for getting these poems out into the light.

<>

first light
morphing into shadowless dawn
perfect stillness
what I am I am
right here   right now

Larry Kimmel
Colrain, Massachusetts

<>

the morning shadows of trees
are growing longer
the river flows
peacefully seaward beneath
the ancient light of the stars

Jonathan Day
Alpine, Oregon

Morning has broken, like the first morning.
Blackbird has spoken, like the first bird.
Praise for the singing, praise for the morning,
Praise for them springing fresh from the word.

Eleanor Farjeon
Sussex 1931

in memory of David

a sea of people sways
to a steady pulse they share
bathed in neon light
lost souls come to pay homage
to their idol at the altar

*(an idea of club or music culture as a church
or a place of salvation/refuge)*

Ben Street

<>

life is full of gifts
questionable though some are
grief is waiting near
sadness cannot be escaped
but many are its delights

Jake Street

<>

which face is Phi's today
what other objects live here
here is an obelisk
of perfect glass
there is infinite north

(Phi the Greek letter)

go live in the sea
hide in an ocean fold
wear it like blue silk
study its mood
and banish worry

Nathan Street

speaking words for me
happiness in a poem
touched by the moment
the music floats to meet me
everything is complete

Linda Rayner

<>

a photo
stirring memories
smiles and sadness
beside me the little dog sleeps –
does he remember?

small brown dog
lost in slumber
does he know
the comfort he brings?
I am glad for his presence

cool air in the morning
a warm duvet
light through the window
memories flood back
at my feet the little dog sleeps on

Ruth Charville

<>

more family tanka in
book one – *dusk*

dawn

holding
a pine cone
in my hand
all that life
maybe, maybe

the holy man
touched the bark, the leaf
the weeds, the stones
and he knelt in the grass
and prayed : ‘blessed be’

the boy he once was
watched the horizon
sensing in the distance
something beyond
understanding
something divine

all the water
on this lovely earth
is everlasting
it always was, we hope
it always will be

she holds
her dreams aloft
and the wind comes
and carries them away
to some empty place

the rough call
of the black crow
high in the treetop
I love that sound, more
than sweet singing

what is it
that sits far outside
my understanding
and calls my name
and says : ‘come’?

a gentle song
carried on the wind
brings solace
and I hum along
'somewhere over the rainbow'

the old oak tub
once home to bright pansies
now holds
rainwater, duckweed
and tadpoles

he sits
sipping honey mead
watching
small bright birds
building nests

rain
juniper
valerian
sunshine –
nature heals

Romany boy
in the clover patch
looking for luck
finds four leaves
and a copper penny

the Irish lad
takes his accordion
to the pub
plays the old songs
and longs for home

the cuckoo calling
the swifts screaming
the clock ticking
the wind, a breath, a sigh, a song ...
the sound of a heart beating

the rain clouds
take strange shapes
in the wind –
thin grey snakes
drifting across the pink sky

I have thought of myself
as a field mouse, a doe
or a silver fish
now, in times of grief and change
what kind of creature am I?

I muse
on all the lovely words
that rhyme with rhyme
chime, mime, rime
time, climb, thyme …

one memory
among so many
lasting down the decades
– tiny midge larvae
wriggling in the rain barrels

we all have tools
on which we rely
pencil, pen, ink
paint, brushes
wood, clay ... eyes, hands

in the drawing
a bird is singing
to a fish
I pause and wonder why
and then – why not?

the young girl
sat by the monolith
and her fingers traced
the ancient carving
of cup-and-ring

in the silver plate
the collection coins
the people gave
and sitting on the edge
a darkling beetle

I imagine a world
where the only music
is birdsong, wind,
rain, and the quiet voices
of those we love

the long fossil
of a sea-worm in the flint
of the old wall
my mind slips back
millennia

from beyond
she smiles and laughs
as always
and says ... ‘come on
follow my lead!’

the small girl asks
‘what belongs in this old bowl?’
the woman smiles
sets it rocking, and says
‘nothing, just emptiness’

feeling lost
I opened a book
at random
and read the words
‘one step at a time’

there was a whispering
in the willow trees
and a sighing
in the long green grass
and rain fell on the river

what is a word?
if I say ‘grass’ is that
the long green growing?
if I say ‘nut’ does that fall
from the hazel tree?

in the clear quartz
a small enhydro
and in the trapped water
a tiny moving bubble
air as old as the earth

what can make
the heart glad?
the same thing
that can break it –
life and love

he said ‘let us pool
our resources
you bring courage
I’ll bring wisdom
and we will conquer fear’

I watch with awe
dandelion seedheads
drifting past
my window on the wind
to land who knows where

the man stood
among the tall weeds
and shook his head
and picked up the hoe
and walked away

what is constant
on this earth?
the sky, the sea
the land, the rocks ...
the hope

the old man sat
in his boat, watching
seals on the sandbank
basking in the sun
and his heart was glad

the bird flew
in one open window
and out another
the way thoughts fly
in and out of my mind

I want to climb
inside the conch shell
and explore deep
and see if there is
any writing on the walls

the quickbeam tree
the gentle rowan
drops berries
like blood on the ground
where the witches dance

looking for four, all I find
are three-leafed clovers
then I understand
to be ordinary
is a fine fine thing

it starts with one seed
and soon the ground
is covered
with dandelions
the same way, love grows

I caught a glimpse
of another world
deep within
with dark flowing streams
and flashes of gold

ancient footprints
buried in the clay
appear for a while
then slip back again
lost beneath rising waves

the frayed poet
restores his soul
wandering
beside the calm waters
of the wide river

the old woman walked
across the wide tidelands
to the edge of the sea
and watched in wonder
as a ghost ship sailed by

a warm day
in mid-autumn
and beside the old shed
a lone cricket
loud chirping

the country man knew
what I’m learning
these strange days –
the storms of life
can wash us away

the yearling fawn
leaps the fence
around the pasture
to keep company
with the lonely sheep

he asked me
‘from where do you come?’
I replied –
‘from sparks and dust
water and wind’

what lies between
what is and what was
and what might be?
just dreams ...
only dreams

sometimes
amid the storms of life
a good friend comes
bringing the gentle voice
of peace and calm

if there is anywhere
in this noisy world
a quiet place
take me there
and there I’ll stay

I remember as a babe
lying in my pram
under the apple tree
crying at the sight
of one dead bee

the young teacher lifted
the lid of the old desk
and read the writing
on the underside
‘Isaac was here’

he looked about and said
‘what kind of place is this?’
she leaned against a tree
and smiled and said
‘it is home’

in the hills, alone
the bagpiper played
not for the king
but for the rocks and the grass
and the long long dead

the piper knows that he
will lie in the ground one day
and he wants to know
there was once a Scotsman there
playing ‘Home I’ll be’

the Band are singing
'Cripple Creek'
and the mandolin
sings like hard winter rain
falling on the rocks

the sailor rowed his boat
into a headwind
that brought the scent
of salt and pine
hay bales and woodsmoke

if I could I would
write long odes
to ants and bees
light rain and backroads
spider webs and trees

<>

postscript

the flowers are opening
at last
the song of the petal
the song of the world
the song of dawn

I go
to the river
when I wake
wait for the water
to become the dawn

I cross
the bridge of dreams
& go into the moment
like the birds
like the dawn

Tony Marcoff
by the river Mole, England

About the Author

Joy was born in Norwich towards the end of WW2. She lived in several English towns in her youth as her father was a roving vicar.

Joy moved to Amherst, Massachusetts in 1966 when she married Brian who was at Amherst College, and from there on to Toronto, Canada where she later lived as a single mum with her two daughters. They moved back to Norwich a couple of decades later, where Joy met and married Andy, 30 years ago.

Her older daughter Kate lives in Canada and very sadly Joy's younger daughter Wendy has recently lost her brave battle with multiple sclerosis. Joy's younger brother David Street died this winter in Norwich after fighting his own courageous battle with cancer. Joy herself is a paraplegic amputee after an accident in 2002.

Her strength comes from her loved ones and from nature and from poetry. Her favourite old poets are Ryôkan and Frances Cornford.

Joy is a Pisces.

<>

More Books by Joy McCall
Can Be Found On Amazon

Printed in Great Britain
by Amazon

17320868R00052

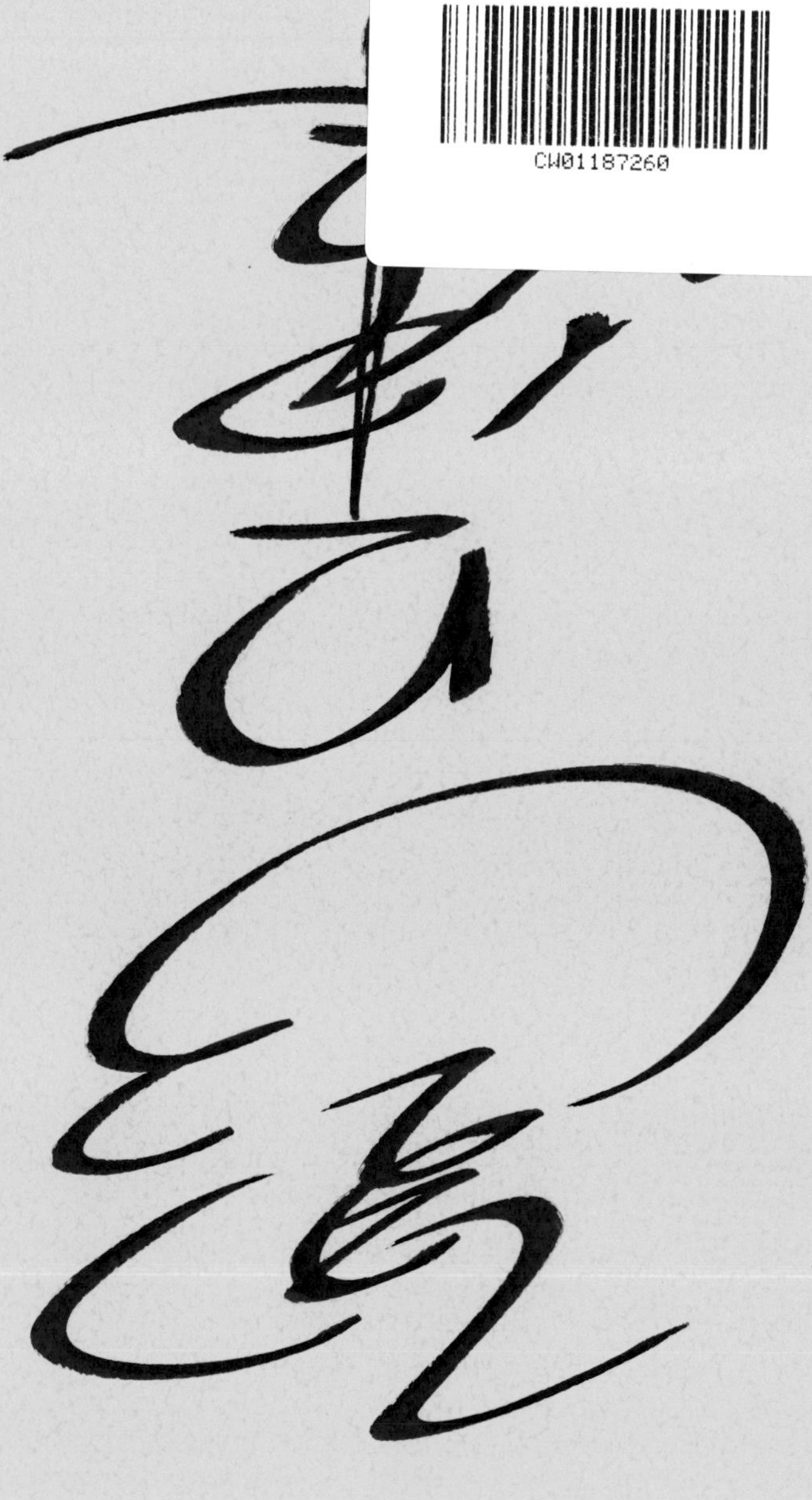

戦没者遺骨収集のいま

野口健が聞いた英霊の声なき声

セブ島カーカーの洞穴を埋めつくすおびただしい遺骨

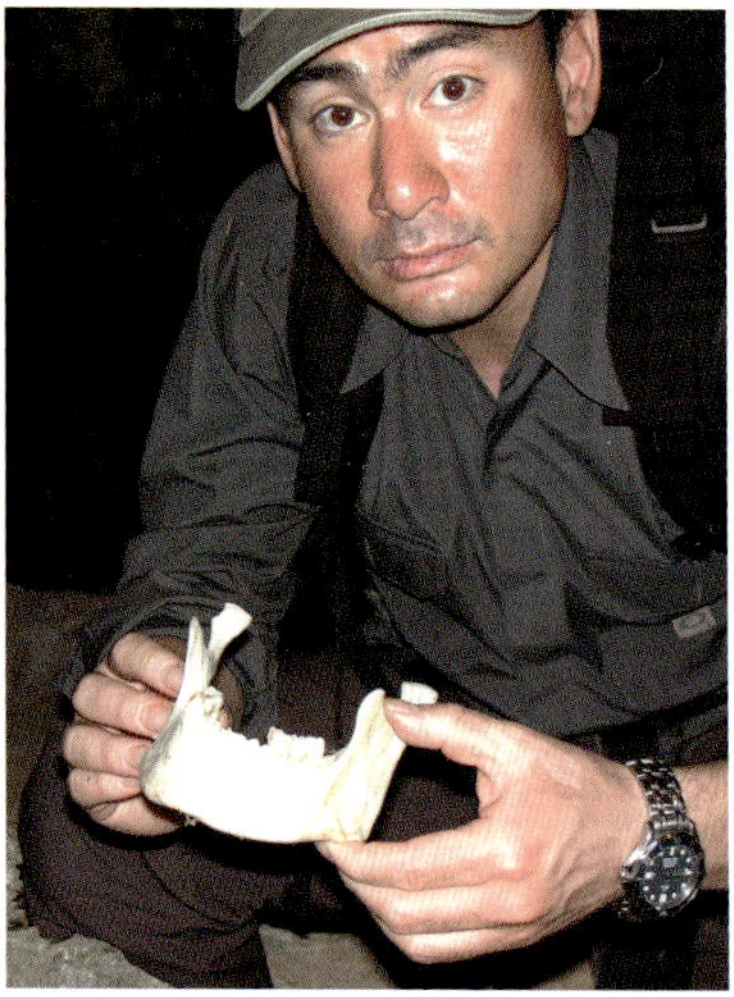

下あごに残っていた歯は若者のものだった（フィリピン・セブ島）

1つひとつ遺骨を確認する

美しい朝焼け（フィリピン・ボホール島）

ジャングルの道を行く野口健

エメラルド色のフィリピンの海

堀り出された遺骨

遺骨を堀る地元の人たち

セブ・カーカーの洞穴一面をうずめる遺骨に言葉を失なう（セブ島）

絶ぺきにある洞穴にも遺骨が…（フィリピン・ボホール島）

白い奥歯はまだ20歳ぐらいだろうか（ボホール島）

発掘現場にろうそくと線香を立てた（ネグロス島）

「御苦労様でした」と手を合わせる

セブ島での焼骨式で

ジャングルの道なき道を行く

写真提供・野口健事務所、
JYMA、影山幸雄氏(本文中も)

はじめに

世界的なアルピニストである野口健さん（35）はヒマラヤで「死を覚悟」したことがある。8000メートルを超える高山で、何日も吹雪が止まず、テントの中からまったく身動きが取れなくなった。〃命綱〃である酸素は、もはや2日分しか残っていない。野口さんは覚悟を決めて遺書を書き始めた。今から4年前、2005年4月のことである。

「日本に帰りたい」。死を目前にして野口さんが痛切に思ったのは故郷・日本のことだった。「このまま吹雪が止まなければ、僕の遺体は、きっとテントごと吹き飛ばされてしまうだろう。自分の意思で山へ来たんだから、たとえそうなっても仕方がない。でも、せめて誰かが遺体を見つけて故郷（日本）へ帰してくれないだろうか……」。テントの中で、ひとり震えながら、望郷の念は募るばかりだった。

そのときふと、祖父の野口省己（せいき）氏や親しかった橋本龍太郎元首相（ともに故人）から聞かされていた海外での戦没者のことが頭に浮かんだ。「（日本兵たちも）どれほど日本へ帰りたかったことだろうか」。

省己氏は、旧日本軍第33軍参謀で、約18万人が死亡した「ビルマの戦い」に参加した。〃おじいちゃんっ子〃だった野口さんは、祖父の苦悩を知っている。たくさんの部下を死なせたのに自分は生き残った。異国の地に眠ったままの多くの部下の遺骨が、いまだに日本へ帰れないことがずっと胸の〝しこり〟となっていたのである。

野口さんは、まだバッテリーが残っていた衛星電話を取り上げ、日本にいる事務所のスタッフを呼び出した。「もし、生きて帰れたら必ず、戦没者の遺骨収集に取り組むよ。紙切れ一枚で召集され、お国のために亡くなっていった人たちを帰したいんだ」

先の大戦中、本土以外で亡くなった戦没者は約240万人に及ぶ。最も多いフィリピンでは約52万人の旧日本軍将兵が亡くなっている。マラリア蚊や毒蛇がうようよいるような熱帯のジャングルで敵軍や地元のゲリラに追い詰められ、十分な食糧もないまま洞穴に身を潜め、懐かしい故郷・日本へ続いているであろう海を見つめながら、数え切れない若者たちが無念の死を遂げた。

愛しい妻や子供たちと、ひと目、会いたかったことだろう。最期に、「かあちゃん」と、だけ残して逝った兵士もいる。戦後60年あまりたった現在も、その戦没者の約半数（約115万人）の遺骨はいまだに、遠い異国の地に残されたままだ。

政府（厚生労働省）が行う戦没者の遺骨収集事業は昭和27年度からスタートし、最も多い50年度には約3万6000人分の遺骨を海外から持ち帰った。ところが近年は、派遣団の主力だった戦友会や遺族会のメンバーが高齢化し有力な情報は少なくなるばかり。昨年度までの収集数は3年連続で3ケタ（1000未満）にとどまり、数年前には事業の〝幕引き〟を口にする担当大臣さえいた。

こうした国の〝サボタージュ〟とも言える態度に業を煮やし、独自の立場で精力的な活動を始めたのが民間のＮＰＯ（民間非営利団体）たちである。野口さんもそのひとつの団体に加わり、これまでに3度、フィリピンに渡り、今年3月には初めて４１９人分の遺骨とともに日本へ帰ってきた。

ＮＰＯの活動は着実に成果を挙げている。動きが鈍かった国を動かし、停滞していた遺骨収集事業にいま一度火をつけ、「新たなムーブメント」を起こしつつあるのだ。

野口さんは、「これは国家のプライドの問題だ」と言う。国のためにいのちをなげうった人たちを国の責任で故郷へ帰す。その「決意が問われているのだ」と。

それは同時に日本人への問いかけでもある。この問題に「右」も「左」もない。今ある繁栄の礎（いしずえ）となった先人たちへの敬意と感謝。そして、人間としての当たり前の情愛が、野口さんらを突き動かしているに違いない。

私は、野口さんらの「行動と思い」を1年半にわたって追い続けた。本書は、その記録であると同時に、戦没者遺骨収集問題がいま置かれている現状と課題を私なりに明らかにするものである。

喜多由浩

第一章 信念

洞穴で聞いた「英霊の声」 ２００８年３月・フィリピン

1

フィリピン・セブ島は、日本人観光客にとって人気の高いリゾート地だ。マリン・レジャーが盛んで、成田からの直行便に乗って大勢の若者たちが訪れる。そのゲートウェイであるマクタン国際空港は日本の援助（ＯＤＡ＝政府開発援助）によって造られた。空港周辺には高級ホテルが林立し、観光客は多額の「円（ペソ）」と引き換えに、日本に居るのと変わりがないサービスが与えられる。60数年前の戦争の痕跡など一見、どこにもないような繁栄ぶりだ。

２００８年3月、アルピニストの野口健（35）は、京都市に本部を置くＮＰＯ法人「空援隊（くうえんたい）」の一員としてこの地を訪れた。セブ島には学生時代、当時付き合っていたガールフレンドと遊びにきた思い出がある。そのときは、「何にも考えていなかった」と苦笑するが、今回は違う。戦没者遺骨収集の「現場」に立つために来たのである。野口がヒマラヤの高山で「死を覚悟」してから早くも3年の歳月が流れていた。

熱帯の海は「色」が違う。コバルトブルーが鮮やかなサンゴ礁の海、そして真っ白で、どこまでも高い雲。そのコントラストが目に眩しい。3月中旬だというのに、日中の気温は35度以上。椰子の木越しに、ギラギラとした熱帯の太陽が、容赦なく照りつける。まだまだ〝冬支度〟の日本からやってきた身には、その差がきつい。

60年あまり前、このフィリピンの地で激しい戦いがあり、夥しい血が流れた。アメリカ軍や地元民のゲリラに追われた日本兵は、負傷やマラリア、そして空腹と闘いながら、灼熱のジャングルを彷徨（さまよ）い続けた。追い詰められた彼らは、山中や断崖絶壁の洞窟にじっと身を潜め、来るはずもない援軍を待っていたのである。

遺骨の発掘現場で
（フィリピン・セブ島）

遺骨が残されている場所は、街中もあれば、何時間も山道を登って行かねばならないジャングルの洞穴もある。30分も歩いていると、たちまち汗みずくになってしまう。世界的なアルピニストである野口も、「暑さには弱いんだ」と照れ笑いした。だが、当時の日本兵が味わった恐怖や辛さには比べるべくもない。苦労をすればするほど、その気持ちが少しはわかろうというものだ。

野口は高揚していた。「とにかく『現場』に行ってみたかった。『現場』に立たなきゃわからない感覚というものがあるし、どんな問題でも、僕はそれを大事にしてきた。まず、自分自身の〝肌〟で感じたい、と思ったのです」

ここへやってくるまでの道程は簡単ではなかった。1年の3分の1ぐらいは、海外遠征に出かけている野口のスケジュールは「超過密」だ。日本にいる間は講演依頼が引きも切らず、予定は半年先までぎっしり。もちろん、遠征の費用を出してくれるスポンサーとの関係は大切にしなければならない。野口が取り組んでいる環境問題にかかわる仕事や勉強にも追われていた。

「今の時期に無理をして、遺骨収集・調査に行く必要はないのではないか?」。野口の事務所のスタッフの中には、こうした声もあった。世間から野口が「〝右寄り〟と見られかねない」として、やんわりと反対する意見もあったという。

〝取っかかり〟もなかった。知識も経験もない野口が、いきなり遺骨収集をできるはずもない。遺骨収集に実績がある民間のNPO法人と交渉し、派遣団の一員に加えてくれるよう頼んだが、スケジュールが合わなかったりして、なかなか話がまとまらない。

野口が、こうした経緯をブログに書いたところ、それを見た空援隊の理事・事務局長の倉田宇山(うさん)(53)から、「一緒に行きませんか」と誘われたのである。野口にとってまさに〝渡りに船〟だった。

2

昭和48（1973）年生まれの野口は、戦争を知らない。生まれたときから、戦後は遥かに遠く、〝豊かな日本〟があった。野口に戦争のことを教えてくれたのは、祖父の・省己（故人）である。

省己は、明治44（1911）年の生まれ。陸軍士官学校は46期。昭和19年4月、第33軍参謀となり、「ビルマの戦い」に参加した。ビルマの戦いでは約10万人が参加したインパール作戦をはじめ、日本兵にとっては〝地獄絵図〟のような戦いが続いた。最終的な戦死者（戦病死を含む）は、約18万人に上ったとされている。

「僕は〝おじいちゃんっ子〟で、子供のころから、じいちゃんの話を聞くのが大好きだった。じいちゃんは、陸軍大学を出て参謀となり、最後はビルマ（現ミャンマー）にいた。『たくさんの兵隊を死なせてしまったのに、私だけが生き残ってしまった』と何度も言っていたのを覚えている。じいちゃん自身は長生きをし、孫にも囲まれて幸せな人生だったけど、戦争で死なせてしまった部下たちのことが、最後まで頭を離れなかったんだと思います」

異国の地で、夥しい数の日本兵の屍が骨となり、今もその土地に大半が残されたままになっている……。同じことを、橋本龍太郎（元首相、故人）からも聞かされていた。

野口が橋本と親しくなったのは、エベレストの清掃登山が縁である。野口は、かつて「橋本隊」がエベレストに捨てていった酸素ボンベを持ち帰り、わざわざ橋本のところへ持っていった。そのことがきっかけで仲良くなったのだ。エベレスト清掃登山には日本の山岳界から、度々〝横やり〟が入ったが、それを、「協力をせよとは言わないが、邪魔だけはするな」と止めてくれたのが登山界の重鎮でもある橋本だったのである。

祖父の省己と橋本から聞いた話は、野口の心の中にずっと突き刺さっていた。そして、2005年4月に、「ヒマラヤで死を覚悟した」ことが、実際に野口を「行動」に駆り立てるきっかけになったのは、すでに書いた通りである。

幸いに生還できた野口は、ヒマラヤから帰国後、靖国神社へ行き、「遊就館」に展示されている特攻隊員の遺言のメッセージを懸命に読んだ。そして、遺骨収集事業について自分なりに調べ始めたのである。

野口にはもうひとつ、世界各国を巡りながら感じていた「憤り」があった。それは、「国のために命を投げ打った人たちが、日本では国民から、必ずしも尊敬されていないのではないか」という憤りである。

野口は、かつてシンガポールで見た光景が忘れられない。広大な敷地を使って豪華な無名戦士の墓地を作っていた米英に比べて、日本人の墓地はあまりにも小さく、どこにあるのかさえ、よくわからなかった。それさえも、日本政府ではなく、地元の日本人会がつくった墓地だったのである。

「日本は敗戦国だから、(こんな扱いでも)仕方がないのかもしれない。でも、米英の墓地と扱いにあまりにも差があった。国のために死んだ人たちを尊敬し、丁重な扱いをしない国家なんて、世界中、捜しても日本以外にはありませんよ」

戦後の教育にも疑問を持っていた。戦争に関すること、というだけで〝絶対悪〟のように教える教師たちがいる。ある学校で特攻隊の映像が紹介されたとき、「撃墜された特攻機に向けて拍手をした教師がいた」という話を聞いて野口は、はらわたが煮えくりかえるほどの怒りを感じた。

「戦死した人たちは今の日本の社会を見てどう思うだろうか。きっと、『こんな国をつくるために命を投げ打ったのか』と憤慨するでしょうね。靖国問題への誤解もそうだが、今の若い人たちは、多くの日本兵が『愛する家族を守るために死んで行った』ということをあまりにも知らない」

3

フィリピンで戦死した日本軍将兵は約52万人を数える。実に、海外戦没者の「5人に1人」がフィリピンで亡くなったのだ。だが、このうち、祖国に帰ることができた遺骨は、いまだ約13万人分余に過ぎない。40万人分近い遺骨が今も、ジャングルや洞穴の中に残されたままになっている。

野口らが訪ねた場所は、日本人観光客らで賑わうセブ空港のすぐそばだった。車なら5分とかからない民家の庭に夥しい数の日本人の遺骨が埋もれているのだ。目と鼻の先にある空港には今日も数多くの日本人の若者たちが降り立つ。この土地で、歳もかわらない多くの日本の若者たちが命を失い、その遺骨が今も土に埋もれたままになっていることを、彼らはきっと知る由もないのだろう。

「その現場」は、町の公安委員を務めるイサビル・ラリンティ（77）の自宅の庭である。自宅前は、交通量が多い幹線道路にあたり、時折、頭上をかすめるようにジェット旅客機が轟音を立てて飛んでいく。

ここには、かつて日本軍の部隊が駐屯し、アメリカ軍機によって激しい空襲が行われたという。日本軍部隊は、椰子の木に備え付けた機関銃などで対抗したが、劣勢は否めず、やがて、何人もの日本兵の遺体が庭に折り重なることになった。

ラリンティが今も自宅の庭を掘り続けているのには理由がある。当時、まだ10代前半の少年だった彼は「オリガサさん」という若い通信兵ととても仲が良かった。「オリガサさん」は、『ここは危ないからお前は逃げろ』と言ってくれた。彼の行方はいまもわからない」と哀しげに首を振った。

「オリガサさん」やその仲間の遺骨は、まだここに眠っているかもしれない。「仲良くしていた人たち（日本兵）を長い間、放っておいたのは、とても心苦しいことだった。こうして日本人が迎えに来てくれたのは嬉しいことだよ」

野口は、ラリンティが庭から掘り出した土まみれの遺骨を手にとって触れてみた。下あごについたままの奥歯は、虫歯や治療の跡がなく、驚くほど真っ白だ。まだ、20歳前後の若者だったに違いない。大腿骨を身体にあててみると、身長は野口と同じぐらいだろうか。鎖骨や肋骨とみられる骨もあった。野口は、遺骨に向けてそっと手を合わせ、持参した線香をあげた。

ラリンティ（右）と野口（左）
（フィリピン・セブ島）

4

ラリンティの自宅の庭からは、掘れば、掘るほど、日本軍兵士のものと思われる遺骨が出てくる。だが、野口と「空援隊」が、それを日本に持ち帰ることはできない。海外では、国（厚生労働省）の遺骨収集事業が昭和27（1952）年度にスタートして以来ずっと、原則的には「遺骨収集は国の派遣団に限る」とされてきたからだ。

この原則は２００９年3月、「空援隊」の努力によって大きく変わることになるのだが、それはここでは触れない。

当時、フィリピンでの国の遺骨収集事業は甚だしく停滞していた。戦後60年あまりが経過し、それまで政府派遣団の主力だった戦友会や遺族会のメンバーは高齢化が目立っていた。「昔の情報」頼りでの捜索では、成果があがりにくくなっていたのである。

それに加えて、「鑑定人」の問題が大きな障害になっていた。

フィリピンでは、日本政府が依頼し、フィリピン政府が選んだ大学教授である鑑定人が骨格や周囲の証言などから、日本人か否かを判断する。彼が遺骨を鑑定の上、「日本兵のものである」と確認できれば、焼骨し、日本へ持ち帰ることができる。

だが、わずかでもフィリピン人や動物の骨が混じっていると判断されれば、たとえ、ほかの大多数の遺骨が日本兵のものだったとしても、「混在」とされ、日本には帰れない。関係者によれば、面倒な作業を回避したいのか、大量の遺骨が出たときに限ってそうした判定が下される場合が多かった、という。

しかも、鑑定人はフィリピン全土でたったひとりしかいない。彼の鑑定方法は不可解で、明確な根拠も示さなかった。日本からの派遣団がせっかく多くの遺骨を見つけても、鑑定人が「ノー」と判断したがために、涙を呑んでフィリピンへ置いて来なければならなかった。これまで、そんな「バカげたこと」が何度も何度も繰り返されていたのである。

野口は、多くの遺骨を目の前にして、やり場のない怒りを隠せなかった。

「紙切れ一枚（召集令状）で戦場に駆り出され、国のために亡くなったのに、『日本に帰るハードル』が、なぜこれほどまでに高いのか。戦争へ行き、死ぬまでのハードルは、とても低かっただろうに……。骨になってなお、日本になかなか帰れないなんて、どう考えたっておかしいでしょう」

ラリンティは野口にこう言った。「ずっと掘り続けますよ。でも、新築の家を建ててしまった場所だけは掘ることができないんです。本当にゴメンナサイ」

日本人の若者たちが、マリンレジャーに興じているリゾート地のすぐそばで多数の日本兵の遺骨が埋もれたままになっている。そして、それを掘り続けているフィリピン人がいるのに……。

だが、民間団体が遺骨を持ち帰ることができない「ルール」がある以上、野口らがいくら熱心にやっても、その行為は「収集」ではなく、「調査」に過ぎない。「情報」を厚労省に伝え、政府の派遣団を待つという〝受け身〟の立場でしかなかったのだ。

5

野口が参加したＮＰＯ法人「空援隊」は平成18年に、映像ジャーナリストの倉田が中心になって立ち上げた。理事長は、倉田の知人で僧侶である杉若恵亮（けいりょう）が務め、趣旨に賛同した与野党の国会議員が多数、顧問に名を連ねている。

倉田は数年前、フィリピンに残されている日本軍兵士の遺骨のことを聞き、初めて現場を訪れた。そこで、倉田が目にしたのは、戦後60年以上も経つのに、いまだに祖国へ帰ることができないまま、放置されていた夥しい数の日本軍兵士の遺骨と、はかばかしい成果をあげられないでいる政府の遺骨収集団の活動ぶりであった。

京都生まれの倉田が幼い頃に遊び場にしていたのは、旧陸軍第16師団のかつての駐屯地だったという。16師団は、天王山の戦いといわれたレイテ戦で、アメリカ軍と正面で対峙し、ほぼ全滅した。その遺骨の多くは、フィリピンに残っているはずである。

「こりゃ呼ばれたな」。倉田は運命めいたものを感じた。倉田の家業は神職である。ほかの人間がやらないなら自分でやるしかない。セブ、レイテ、マスバテ、ボホール、ルソン……。「遺骨」の情報があると聞けば、現地を訪ね、灼熱地獄のジャングルを掻き分けながら、情報収集のためのネットワークを作り上げていった。

もちろん、資金など、どこからも出ない。別の仕事で得た収入をつぎ込み、足りない分は借金を重ねた。そうしてフィリピン各地を訪ねた回数は約3年間で30回にも及んだという。

「(遺骨を)見てしまったから、しょうがないですよ。フィリピンの土壌は、アルカリ性だから、60年経っても骨は溶けない。そのままの形で残っているんです。現場を知らない人は、『戦後60年も経って今さら遺骨収集でもないだろう』と言いますが、僕はその人たちに逆に言いたい。『現場を見てみろ』と。そうすれば、『ほうっておけばいい』なんていえるはずがない」

空援隊の倉田(左)と野口(右)
(フィリピン・セブ島)

倉田の行為は、それまでの政府の活動や遺骨収集の中心となってきた戦友会や遺族会のやり方を否定することにもなったから、やがて遺骨収集事業を主管する厚生労働省や外務省・在外公館と、ことあるごとにぶつかり合うことになる。

それでも実際に、情報をつかみ、着実な成果をあげるのは倉田の方だった。それは、現地の人間から信頼を得て、それをコントロールし、確かな情報が入るネットワークを作り上げたからである。

それは倉田個人の情熱と行動力によって出来たものだ。倉田を支える「空援隊」のスタッフの多くはまだ20代の若者たちである。彼らもまた、無給のボランティア。アルバイトで生活を支えながら、この活動に情熱を注ぎ込んでいるのだ。

そのひとり、西村秀一（28）はかつて、昼間は「空援隊」の事務所に詰め、夜は居酒屋でバイトをして何とか生計を立てていた。そんな彼に周囲の視線は温かいとは言いがたい。

「『いつまでそんな（無給の）仕事をしてるんだ』と家族からは言われますが、30歳まではこの仕事にかけたい。そして、遺骨収集の事業を軌道に乗せる道筋だけでもつけたいと思っています」

倉田と同じように、若い彼らもまた、1人でも多くの方の遺骨を祖国に帰したいと思っている。だが、その「見返り」を求めているわけではない。

倉田がいう。「日本軍兵士の、ご遺骨が見つかる洞窟は、必ずといってもいいほど、海に面している。彼らは、絶望の淵の中でも〝海から来るであろう援軍〟を待っていたんでしょうな。それとも、海のずっと向こうにある祖国・日本の大地や家族を見ていたのかもしれません」

6

「空援隊」の活動は朝が極めて早い。まだ夜が明けきらないうちに宿舎を出発して港に向かい、船で周辺の島へ渡る。そして、午前6時ごろから日が暮れる夕方まで、ぶっ通しで、遺骨の情報があった場所を数カ所、調査する。

昼食をとる時間も惜しんで現場を回るのは、ひとえに「お金」がないからだ。限られた日数でできるだけ多くの現場を回るためには、どうしても強行軍になってしまう。

現場は、街中の住宅地もあれば、2、3時間もジャングルの山中を歩いた洞穴にもある。熱帯の高温多湿の厳しい気象条件もさることながら、道中には、怖い毒蛇のコブラやマラリアを感染させる蚊もうようよいる。「夕方まで」で活動を切り上げざるを得ないのは、山中では、この時間帯を境に治安が極端に悪化するからだ。

その日は、夜中の2時に宿舎を出発、セブ島から船でネグロス島へ渡り、午後に再びセブ島へ戻る日程だった。

4カ所目となるセブ島西岸中部、カーカーという街から程近いジャングルに着いたのは、もう午後4時を過ぎていた。地元のガイドによると、そこからさらに急な山道を1時間ほど登ったところが現場だという。

みんな疲れている。時間もない。治安が悪化する「夕方」に差し掛かっているからだ。さすがの野口も疲労を隠せない。夕方になっても、ジャングルの気温はなかなか下がらないのだ。

やっとたどり着いた山の中の洞穴の中に驚くべき光景が広がっていた。洞窟にあったのは、50キロ入りの米袋のようなものにぎっしりと詰め込まれていた遺骨。そして、足の踏み場もないほど、地表に積み重なっていた夥しい遺骨である。

あまりの凄まじさに、野口は息を呑み、思わず悲鳴に近い声を上げた。

軽く１５０人分は超えているであろう。よく見ると、骨は小さくバラバラの骨片になっている。

カーカー付近には米軍が上陸している。追い詰められて、山中の洞窟に逃れたが……。

繰り返しになるが、これだけ多くの遺骨を目の前にしても、日本に戻すことはできない。それは政府の派遣団にしか許されていないことだからだ。

「間もなく政府の収集団が来る。もう少しの辛抱です」大量の遺骨を前に野口は唇を噛みしめながら、そっと手を合わせるしかなかった。

そのとき、野口には「声」が聞こえたという。決して、霊感が強いほうではない。だが確かに聞こえた……。

『声』はこう言った。

「おーい、もう帰ってしまうのかい。せっかく見つけてくれたんだろう。俺たちは60年も待っていたんだよ」と。

フィリピンの地では、終戦後も、アメリカ軍から武器を供与されたゲリラによる日本の敗残兵の掃討戦が、しばらく続いたという。

野口はやるせなくなった。

「戦争が終わっているのに、死なねばならなかったなんて……。さぞかし、無念だったろうな。追い詰められて、追い詰められて、肉体的にも精神的にもぎりぎりの状態の中で、じわじわと亡くなっていったんだ」

カーカーの洞穴をうめたおびただしい遺骨

彼らは「死」に直面したそのとき、何を考えたのだろう。

「僕は、『天皇陛下バンザイ』じゃなかったと思う。まだ、20歳前後の若者たちが、死んでいくときに、どうやって自分を納得させたか？　ということですよ。それは愛する家族のために国を守る、そのために俺は死んでいく、という気持ちだったんだろうな」

よく欧米人は、イスラム教徒による自爆テロと日本兵の特攻を同一視するが、野口は「それは違う」と思う。

「これは想像だが、イスラム教徒の場合、『神』のところへいけるんだ、という『光』のようなものが見えているんだと思う。でも、日本人は決してそうじゃない。『かあちゃんに、ひと目会いたかった』『日本へ帰りたい』という思いを抱きながら、若い彼らは、国のために死んでいったのだと思う」

7

先の大戦において、本土以外で亡くなった旧日本軍将兵は約２４０万人。政府による遺骨収集事業は、フィリピン、インドネシア、ニューギニア、ソロモン、硫黄島、ロシア・シベリア、アリューシャンなどで行われており、日本へ帰った遺骨は約１２４万6千人分(平成20年3月末現在、国の事業がスタートした昭和27年度以前に民間が持ち帰ったものを含む）に及ぶ。

だが、年々、遺骨に関する情報は減り、戦後60数年の「風化」によって国民の関心も決して高いとはいえない。戦友会や遺族会の高齢化も影を落としているのはすでに述べた通りである。

フィリピンの場合、ピークであった昭和48年～50年度には、年間約1万5千人分前後が日本へ帰ったが、ここ数年は、１００人分にも満たない年がほとんどであった。

年度別戦没者遺骨収集実績表

平成20年 3 月31日現在、厚生労働省資料

年　度	収骨数（柱）
昭和27年	478
28	317
29	6,051
30	1,351
31	599
32	2,561
39	140
41	182
42	13,673
43	13,897
44	21,607
45	8,791
46	15,263
47	9,179
48	27,019
49	35,885
50	36,240
51	17,565
52	8,609
53	4,159
54	3,257
55	3,386
56	2,335
57	3,779
58	1,440
59	1,762
60	3,173
61	2,636
62	2,697
63	1,614

年　度	収骨数（柱）
平成元年	1,273
2	914
3	1,043
4	1,526
5	2,220
6	1,647
7	2,114
8	2,167
9	1,460
10	3,135
11	2,059
12	1,338
13	2,710
14	2,663
15	1,269
16	1,151
17	604
18	640
19	760
合　計	313,322（琉球政府委託分含む）

昭和31～46年度まで沖縄の遺骨収集については、総理府が琉球政府に委託して実施

収骨数　32,984柱

民主党の衆院議員で、「空援隊」の顧問でもある泉健太（34）は20代のころから、学生主体の遺骨収集事業に参加してきた。

「かつては情報収集をしなくても、実際に戦争に行った当事者がたくさん遺骨収集事業に参加していたから、それほど苦労はなかった。でも今は違う。みなさんの高齢化が進み、活動範囲も狭まってきている。それで現地の情報に頼るようになったが、政府の収集団というのは、『危険な場所には行かない』『明確に結果が出る（遺骨がある）ところにしかいかない』のが原則。また、厚生労働省や外務省の縦割り行政の弊害もあって、なかなか結果が出なくなっていたのが、この20年の状況だった」と振り返る。

泉によれば、それを乗り越える手法を情熱と行動によって、作り上げたのが「空援隊」の活動だった。

ネグロス島で、先の大戦中、ゲリラとして日本軍と戦ったという老人に出会った。現在は漁師をしているドミンゴ・サラッパ（84）である。「私は日本軍に捕まり、両手を縛られて連行された。当時、3人ぐらいの日本兵は死んでいるのを目撃したね」

サラッパがいう幹線道路沿いに、小さな祠のようなものが祀ってあり、いくつかの遺骨が無造作に置かれていた。別の住人は、その先の山を指さし、「この中に延長5キロの洞窟があり、そこにトラック一杯分の骨を埋めた」という。野口らは色めきたった。もし日本軍兵士のものであれば、大変な数だ。

しかし、よくよく聞いてみれば、その骨は日本兵のものではなかった。「3人分しか日本兵の遺体を見なかった」というサラッパの話とも一致しない。結局、その話は、フィリピン人の墓地を改葬した際に出たものだったのである。

ネグロス島ではこんなこともあった。徒歩で行けば、5、6時間もかかりそうなジャングルの山道を、各人がバイクの後部座席に跨って現場にたどり着き、やっと「対面」した遺骨は、10歳ぐらいの子供のものだとわかった。落胆する野口らに倉田は努めて冷静にこういった。

「こんなことは日常茶飯事だ。だからこそ、住民の話をよく聞くことが大事なんだ」

1970年代半ばごろまで、フィリピンでは、反日感情のために、遺骨があることがわかっていながら、その場所へ入っていけないケースが多々あった。今もそういう場所は残っている。

いかに、地元住民の信頼を得て、正確な情報を得ることができるか。野口は、「付け焼き刃」でいきなり現場に乗り込んで、成果をあげられるような土地ではないことを思い知らされた。

8

野口はここ数年、学校などで講演会に招かれると、遺骨収集の話をよくする。「戦争のことをよく知らない若い世代にぜひ伝えたい」と思うからだ。

だが、学校によっては、この話をすると、露骨に嫌な顔をする先生がいる。

「地球環境問題の話題で十分だったのに、よりによって戦争の話を持ち出すなんて……」

まるで余計な話をするな、といわんばかりだ。

だが、そんなことで節を曲げる野口ではない。むしろ、フィリピンで体験したことを積極的に若い世代に伝えていきたい、と思っているのだ。知名度が高い野口には、社会的な影響力があるし、情熱も、行動力も戦略性も持ち併せている。

野口が「現場人間」であることはすでに書いた通りだ。多忙なスケジュールから無理やり日程を捻り出し、フィリピンにやってきた。そして「現場」に立ったことが、野口の魂を揺さぶったのである。

「僕はまだまだ勉強が足りない。ただ、やっぱり現場に来るとわかることがある。それを伝えることはできるはずだし、それこそが僕の役割だと思う。戦争のことをよく知らない若い人たちに『こういう問題があるんだ』と伝えて、少しずつでも、理解を深めてもらうことが大事なんですよ」

遺骨収集とともに野口が力を注いでいる環境問題も、以前は世間の関心も、それほど高くはなかった。

「環境も最初は、少なくともみんなでやろう、という雰囲気はなかった。でも現場に来ると意識が変わる。役人だってそう。けんかをするよりも、いかに彼らをこの活動に巻き込んでいくか、がポイントだと思う」

※

２００8年3月、１回目の渡比以降、野口は、遺骨収集問題への傾斜を深めていく。夥しい数の日本軍兵士の遺骨が、ジャングルの中に残されたままになっている現実を目の当たりにしたこと。それを知りながら、日本へ持ち帰ることができない悔しさも味わった。

日本へ帰ってから野口は、ことあるたびにそのことを訴えた。

そして、若い人達が決して無関心なのではなく、単に「知らないだけ」ということに気付く。

野口は「確かな手応え」を感じたという。大きなムーブメントに火が付きそうな気配が漂い始めたのである。

遺骨収集の「原点」 ２００８年５月・日本

1

１回目のフィリピンでの遺骨収集調査（２００８年３月）から帰国した野口には再び、超多忙なスケジュールが待っていた。

野口の活動の大きな柱になっていた「環境問題」で、南太平洋・ツバル、ヒマラヤでの氷河湖の訪問調査、と世界中を飛び回らねばならない。７月には北海道・洞爺湖サミットの開催が予定されており、野口はその場で、危機的状況にある地球環境の問題を訴えたいと考えていた。そのために、福田康夫首相（当時）にも会い、懸命に準備を進めていたのである。

一方この時期、野口の言動がメディアを騒がせたことがあった。世界中から非難を浴びていた「中国によるチベット弾圧」を、自身のブログでストレートに批判したためだ。

８月には北京五輪が予定されていたが、野口は、「このまま、非人道的行為が繰り返されるなら最終手段として五輪ボイコットも選択肢に含まれる」という毅然としたメッセージを出した。中国でビジネスをしている経済人や日中関係の悪化を危惧する政治家らが、「腰が引けた物言い」に終始していただけに、野口の発言は目を引いた。

もちろん野口とて、〝ノー・リスク〟だったわけではない。今後、エベレストへ中国側から登るときに許可がでない怖れがあるし、中国との関係を重視するスポンサーが降りる可能性だってある。そういうリスクをすべて呑み込んだ上で、「どうしても言わずには居られなかった」のである。信念を重んじる野口らしい行動だった。

実際には、スポンサーを降板した企業は1社に過ぎず、中国側から〝嫌がらせ〟をされることもなかった。そして、野口の行動は、多くの日本人からは「拍手喝采」を持って迎えられたのである。

野口はヒマラヤから帰国した2008年5月、著者（喜多）のインタビューに応じ、その経緯を語っている。そして、遺骨収集問題についても、改めて意欲を示した。産経新聞「話の肖像画」に掲載（同年6月2日〜6日付け）されたインタビュー記事を見てほしい。野口の考え方と「ストレートで熱い」人間性がよくわかるだろう。

2

——チベットの問題で、「中国による非人道的行為が繰り返されるなら最終手段として五輪ボイコットも選択肢に含まれる」という毅然としたメッセージを出しましたね。「語らないのは（中国に）加担するのと同じだ」とも

野口　実は3日間、悩み抜きました。エベレストに行くのに、「もう中国側からは入れなくなるかもしれない」という思いも頭をよぎりましたしね。それで、外交官だった親父に相談したら、「お前が腹を括れるかどうかだ」と突き放されました（苦笑）。（登山家の）私たちはチベットで何が起きているか、何度も見ているわけです。やはり黙って見過ごすことはできませんでした。

――「あの発言」で、スポンサーを降りた企業もあったそうですね

野口　1社だけです。私は「3分の1ぐらい（がスポンサーを降りる）」を覚悟していました。スポンサーの中には、中国で商売をしている企業もありますからね。だから、（ブログに）メッセージを出すときは、事務所のスタッフにも相談しませんでした。必死にスポンサーを集めてきた彼らに相談すれば、反対するに決まっています（苦笑）。もちろんお金は大事ですが、そのことで節を曲げるわけには行きません。魂は売りたくないからです。

――日本での聖火リレーに、まるで〝何事もなかったかのように〟参加した人たちにも苦言を呈しましたね

野口　聖火リレーに参加したことを批判したのではありません。ただ、中国の姿勢に対してひと言ぐらいあってもよかったのではないでしょうか。よく「政治と五輪は別だ」と

いう人がいますが、私はそうは思いません。むしろ国際政治そのものです。五輪選手だって、形を変えた外交官のような存在でしょう。口をつぐんでいる方がおかしいですよ。

――福田康夫首相からして問題の最中に来日した中国の胡錦濤主席に対して、ほとんど何も言えませんでした

野口　あれは中国を助けてしまいましたね。何も言わない日本だからこそ、中国はこの時期の訪問先に選んだのかもしれません。

――（2008年）4月から5月にかけて、地球温暖化の影響で決壊の危険性がある氷河湖の調査などのためにヒマラヤへ行きましたね。そこで北京五輪の聖火をエベレストの頂上へ上げる「大騒動」に出くわしてしまった……。

野口　聖火を頂上に上げるまでは、中国側だけでなく、ネパール側でも、6400メートル以上に登ることが禁止され、われわれがいたベース・キャンプ（BC）でも〝厳戒態勢〟が敷かれていました。ネパール領なのに、中国の工作員とおぼしき連中がうようよいて、ビデオカメラを回すのも禁止、衛星電話も禁止。BCの上空では中国軍機が飛んでいるのが見えましたよ。まったく「異様な光景」でした。

3

――世界最高齢登頂を目指していた三浦雄一郎さんも、そのあおりで「中国側」から「ネパール側」への変更を余儀なくされましたね

野口　三浦さんとは4月16日にBCでお目にかかりましたが、大変なストレスだったと思いますよ。登山家は「命」をかけているんです。対自然相手だけで精いっぱいなのに、こんな理不尽なことで、ストップをかけられてはたまりません。

――そのBCでは、まだ4月中旬なのに、氷河から流れ出した水で、いくつもの川ができていたそうですね

野口　ネパール側のBCに来たのは5年ぶりですが、そのときは5月中旬になってようやく川ができていましたから、（氷河がとけるのが）1カ月も早くなってしまったわけです。エベレスト街道に掛かる橋も去年の夏の増水で、すっかり流されてしまいました。温暖化の影響はかなりのスピードでやってきていますね。

――決壊の危険性が指摘される「イムジャ氷河湖」（標高5010メートルのエベレスト南方にあり、現在は東京ドーム32個分の水量にまで膨らんでいる）の現状はどうでしたか

野口　大きな湖ですから、ちょっと見ただけではわかりにくいのですが、約15年間で35

パーセントも湖面が拡大しています。湖の横にある山の斜面にある氷がとけて、真っ黒になっているのも分かりました。もし、イムジャ氷河湖が決壊すれば、エベレスト街道沿いの村は大半が流されてしまう。村人たちがおびえているのが「今年の夏」です。春にあれだけ氷河がとけているのだから、夏にどれだけ水がでてくるか、想像もつきません。

――温暖化によって溶け出したヒマラヤの氷河の水が溜まってできたのが「氷河湖」でしたね。今回の視察・調査ではどんな点に重点を置きましたか

ヒマラヤ・イムジャ氷河湖の前で

野口　氷河湖が決壊すれば、直ちに生命の危険に晒される村人たちの話を聞くことに力を入れました。彼らの願いは「とにかく早く氷河湖の水を抜いてほしい」ということです。「引っ越せばいいじゃないか」という人がいますが、長年住み慣れた家を捨て別の土地へ行くことは簡単ではありません。

――氷河湖の決壊を防ぐにはどんな対策がありますか

野口　私は水を抜く「水門」を作ることを訴えています。かつてオランダが中心となって水門を作った氷河湖では水位が3メートルも下がりました。日本政府が「本気」になってODA（政府開発援助）などの形で援助すれば、水門はできますよ。

氷河湖の問題も最初は、ほとんど知られていませんでした。外務省に話を持っていっても、「うちの管轄じゃない」と冷たくあしらわれたこともありますしね。あまりにも話が動かないので、「もう投げ出したい」と思うこともありましたが、ここにきてようやく、機運が高まってきました。５月に神戸で行われたＧ８環境相会合でも取り上げられましたし、福田康夫首相も話を聞いてくれました。とにかく「しつこく」「あきらめず」繰り返して訴えることが大事なんですね。

――しつこくですか…

野口　私が取り組んできた富士山やエベレストの清掃登山も最初は誰も知りません、スポンサーもなかなかつきませんでした。それが今ではかなり浸透したと思いますよ。富士山の清掃登山には高校生や大学生の若者の参加が急増していますしね。

――どうやって清掃登山を浸透させたのですか

野口　それまで私はテレビのバラエティ番組には、ほとんど出たことがありませんでした。でも番組に出れば、清掃登山の映像を必ず流してくれる。その効果はなかなか大きかったと思いますよ。中には「タレント気取り」と批判する人もいますが、そうやって、いろんな人に「伝えること」が私の役割だと思うのです。

4

——今年3月、フィリピンで、ＮＰＯによる旧日本軍兵士の遺骨収集調査に参加しましたね。きっかけは何だったのですか

野口　数年前、私は８０００メートルを超えるヒマラヤの山で悪天候のために死にかけたことがあります。もしあと2日、吹雪が続いていたら間違いなく死んでいたでしょう。私は１人テントで遺書を書きながら心底、思いました。「あぁ日本に帰りたいな」と。そのとき、戦争へ行って海外で亡くなり、いまだに帰れない人たちのことが頭をよぎったのです。この問題については、橋本龍太郎元首相やビルマの戦いで参謀を務めた祖父（ともに故人）から、よく聞かされていました。あの人たちも「日本に帰りたい、ひと目でいいから家族に会いたい」と思いながら亡くなったんだろうな、って。

——野口さんの世代では珍しい。今の若者たちは、戦争のことをロクに知りません

野口　それが問題ですね。命令ひとつで戦争へ行かされ、祖国を、大事な家族を守るために命を投げ打った人たちのことを忘れてしまっている。尊敬もされない。そんな国は世界中探してもありませんよ。私が学校の講演で、遺骨収集の話をすると、露骨に嫌な顔をする先生がいたり、「野口は右翼じゃないか」と批判する人もいます。今の日本を見たら、

戦争で亡くなった人たちはきっと嘆くでしょうね。「こんな国をつくるためにわれわれは命を投げ打ったのか」と。

――フィリピンでは戦死者52万人のうち、約40万人の遺骨はいまだに帰れないでいます

野口　ジャングルの中で１５０人分は軽く超えているご遺骨で埋め尽くされている洞窟を見つけました。米軍やゲリラに追い詰められて集団自決した部隊なのでしょう。でもこれだけのご遺骨を見つけてもわれわれ民間人は日本に持ち帰ることができません。出来るのは政府の収集団だけですからね。

後ろ髪を引かれる思いで洞窟を出たとき、私は不思議な声を聞いた気がしました。「おい、もう行ってしまうのかい。やっと見つけてくれたんだろう」。恐らくわれわれは60年ぶりに来た日本人だった。それなのに何もできない……。私は思わず「間もなく政府の収集団が来ます。もう少しだけ辛抱してください」と手を合わせていました。戦後60年あまり、人々の記憶はどんどん風化していきます。「急がなきゃいけない」と思います。

5

――野口さんは、とても情熱的に、エネルギッシュに、いろんな活動をし、大きな成果も上げています。行動の「原点」はどこにあるんですか

野口　原点は私が「落ちこぼれ」だったことですよ。高校時代は勉強ができず、暴力を振るったこともたびたび……。教師からは「お前はダメだ」とはっきり言われました。その屈辱感を何とか晴らしたい、自分でも「何かできる」ことを見せたい、という気持ちでした。

それに、山の世界では、いつも「死」と隣り合わせです。ちょっと気を抜くと簡単に命を落としてしまう。実際に私はもう20人以上の仲間を山で失っていますしね。人間というのは「死」と直面すると逆に「生きたい」という気持ちが猛烈にわいてくるものです。

――今の日本の若者たちを見ると、「生きたい」という気迫があまり感じられないし、マナーやモラルにも欠けている気がします

野口　〝理不尽な大人〟が家庭にも学校にも居なくなりましたね。子供をしかるのに細かい理屈は不要です。「ダメなものはダメ」と大人は毅然（きぜん）としていなくてはなりません。例えば、「学園もの」のテレビドラマ見ていると、教師や親が「勉強しなくてもいいんだよ」とか「嫌なら学校へいかなくてもいい」と言っていますが、それがおかしい。子供にこびる大人がいるから、なめられてしまうのです。私は学校の講演で騒がしい生徒がいれば、壇上からしかり飛ばします。本来、それは教師の役目だと思いますけど、やらないですね。

――選挙のたびに、「候補者」として名前が挙がりますね。出馬要請を断っているのはな

ぜですか

野口　正直にいって随分、悩んだときもありました。今の日本では、政治が〝ダーティーなもの〟に見られがちですが、私はその意識を何とか変えたいと思っています。そのためには（議員を選ぶ）有権者の責任も重大でしょうね。選挙が、利権や〝ミーハー〟的な人気に左右されては困ります。

ただ、いわゆる「タレント議員」にはなりたくないし、バッジをつけていないほうが活動しやすいこともある。別に政治家だけが政治活動をするわけではありません。私は、「政治」を決してあきらめてはいけない、と思っているんです。そんな国は、国家としてどんどんダメになるし、国民も国に誇りを持てなくなります。

6

この「話の肖像画」のインタビュー記事に寄せられた読者の反響は大きかった。

野口はこのインタビューの中で、「現代の日本の若者たち」のあり方について、そして、そういう若者を育てた戦後日本の「大人」（社会）の問題点についても、大きな疑問を投げかけている。

これこそは野口が、遺骨収集問題に取り組む「原点」とも言える極めて重要なことだったのではないだろうか。

月刊『正論』２００８年2月号に掲載された、カメラマン宮嶋茂樹氏との対談「去勢された若者たちに告ぐ」にも、こうしたくだりが出てくる。

――今の日本の若者を見ていると、どうも覇気が感じられない。志もない。モラルもマナーにも欠けているように見えます。

野口　僕は小笠原で環境学校をつくり、若者たちとよく接しているのですが、一番、感じるのは「生命力がない」ことですね。これは小笠原の海でシーカヤックを中学生たちにやらせたときの話です。カヤックを、浅瀬でわざとひっくり返すと、子どもたちの半分は何とか、自力で脱出してくる。でも残りの半分は、ただ海の中で逆さまになってパドルを持ったまま、じーっとしているだけなんです。「フリーズ」です。溺れそうになっているのにですよ。カヤックというのは自動的には元に戻りませんから、こっちが慌てて助け出しました。

フィリピン・セブ島で

彼らの多くは、自然の中での体験がゼロなんですね。木登りや、塀を上って、どきどきした緊張感を持ったこともない。だから、何かあったときに、すべてをシャットアウトしてしまうのです。危機に対応できず、ただフリーズしていまう。つまり、必死になって生きた経験がないのです。ただし、彼らに能力がないか、と言えばそうではない。頭はいいんです。でも、頭でっかちで、言葉遣いもなっていない。僕は、中学生から「キミ」呼ばわりされ、「いい加減にしろ」と思いっきり怒鳴ったことがあります。そうすると彼はびっくりする。彼らには怒られた経験もないからです。私は子どもを引っぱたくことがありますが、そんなことをすると親が抗議にくるんですね（苦笑）。

野口　かつて戸塚ヨットスクールは、あえて不安定したヨットで恐怖を体験させ、必死に生きることを感覚で教えていました。死を感じると、逆に生への執着が出てきますからね。結果的に、事故があってあんなことになりましたが、発想としては「あり」と思っています。こんなことをいうと、また「右翼的だ」と批判する人がいるけど（苦笑）。

自殺者は、予備軍も含めると10万人はいる、と聞きます。以前、高校の未履修問題で、校長先生が首をつったことがありましたが、こんなことはイラクの人間から見たらまったく理解できないはずです。生徒に「自殺するな」と教えている校長先生が自殺してどうするんですか。自殺というものは、生きることに必死になっている国では少ない。自殺者が多いというのはある意味、日本が平和なことの象徴かも知れませんが……。

※

野口　徴兵制イコール軍国主義じゃない。要するにシビリアンコントロールの問題でしょう。（徴兵制のある）韓国だって、スイスだって、軍国主義じゃない。韓国では著名な野球選手も、サッカー選手も軍隊へいく、タレントもそうです。そうした姿をみんなが尊敬しているわけです。あれを見て、日本の自衛官はうらやましく思っているでしょうね。徴兵といっても、国を守るために行っているのです。平和というのはタダじゃない。勝ちとるものなんです。

野口　国際社会で日本のプレゼンスが低下しているのは、国家の根幹をなす外交や国防を担う政治家や官僚がダメになっている部分もあるでしょうが、私は、「国民の問題」でもあると思います。例えば、国防の問題ですが、軍人のモチベーションというのは、「国民に期待されている、尊敬されている」という点に支えられていますが、日本はどうですか？

自衛官なり、防衛省なり、国防のために日々、汗を流している人たちへの感謝も尊敬の念も少ないでしょう。

私のじいちゃんは、旧軍の軍人から自衛隊に入った人でした。（戦前から戦中は）士官学校を出て、陸大を出て、とみんなが軍人に憧れたんです。それが、自衛隊にかわったら、「税金泥棒」呼ばわりですよ。親父はそうやって随分、学校で虐められたそうです。軍人というのは、いざとなれば国のために命を投げ打たねばならない。「名誉」とか精神的な部分に支えられている軍人がそんな扱いを受けたらきついですよ。「何をモチベーションにすればいいのか」ということになってしまいますからね。

野口　そういった意味で、国民側の問題でもある、といいたいのです。湾岸戦争のときに、海自が掃海艇を派遣しましたが、部隊が日本へ帰ってきたときに、テレビのニュース番組の著名な司会者が、それを茶化すようなコメントをしました。それを聞いた、自衛官の家族は、その司会者を殺したくなったそうです。そりゃそうでしょう。灼熱地獄のなかで、命がけでやってきたのに、茶化されたんですからね。こうした雰囲気の中で、自衛官の精神的なものが崩れていった部分もあると思うのです。国民が自衛官を尊敬していないのに、防衛省・自衛隊だけに精神論を求めてもだめですよ。

それから、政治家の問題もあります。自衛隊の海外派遣に反対するために、かつての社会党らが国会で「牛歩戦術」というのをやりました。あのとき、私は高校生でイギリスに居たのですが、どれだけ悲しかったか。（湾岸戦争で）片や戦争で血を流しているのに、日本は牛歩ですよ。イギリスでも英語で「GYUFO」と報じられていたから、イギリス人から「牛歩、牛歩」とバカにされました。日本は「いったいなんて国なんだ」とショックを受けたことを覚えています。

※

野口　国を守るために必死でやっているのに、歓迎されないというのではつらいですよ。

僕はこの3月（2008年）にフィリピンへ遺骨収集に行きます。それはヒマラヤへ行ったとき、標高8000メートルで悪天候のために何日も閉じこめられ、「もう死ぬしかない」と覚悟したことがきっかけでした。そのときに、戦争で亡くなった人たちは「何を思って死んで行ったのだろう」なんて考えたんですが、似たような状況になってみてやっぱり、「日本へ帰りたかったんだろうな」ってしみじみと思ったんですね。しかし、その人達の遺骨はいまだにその多くが現地に残されたままです。しかも政府の遺骨収集団は年々、規模が縮小されていると聞き、私が行くことを決心したのです。

ただ、私が行けるようになるまでは、なかなか大変でした。政府の遺骨収集団に加わることは難しいので、セブ島に事務所を構えて、活動を行っているNPO（空援隊）に協力を求めました。そこはゲリラが多い土地なんですが、彼らはゲリラに報酬を払い、ガイドをしてもらっているのです。だから逆に安心と言うわけですね（苦笑）。

野口　以前、シンガポールへ行ったときに、無名戦士の墓地を見たことがあります。イギリスやアメリカは芝生を敷いた、もの凄く立派な墓地があるのに、日本人のものはなかなか見つからない。やっと見つけたと思ったら、それは政府ではなく、遺族会や日本人会が寄付を集めてつくった小さなものでした。まったく英米とは扱いが違うのです。戦争へ行って亡くなった方々の大半は、国から「行け」と言われ、日本のために死んでいったのでしょう？　こんな扱いをする国はありませんよ。そんな姿勢の国のために、誰が命をかけるのか、ということです。私は、そのことが、自衛隊への扱いとダブってみえてくるのです。

私は、靖国神社にも行きます。すると、「野口は右翼だ」なんて言う人が必ずいる。日本のために死んでいった人たちをリスペクト（尊敬）できないなんて、どう考えてもおかしいことですよ。だから私は毎年必ず、靖国神社へ行くようにしているのです。

※

この『正論』での野口の発言には、彼の明確な国家観が現れている。

「国のために命を投げ打った人たちを尊敬しない国（日本）」の異常さを指摘し、「それをしない国家のために今後、国民の誰が命をかけるのか（かけるはずがない）」というメッセージだ。

7

「話の肖像画」の記事に話を戻そう。この連載で最も読者の反響が大きかったのは遺骨収集問題を取り上げた回である。

その読者の中には、戦争に夫や父親を亡くした遺族が数多く、含まれていた。野口のような若い世代（30代半ば）が遺骨収集に真摯に向き合い、この問題に取り組もうとしていることに感謝する内容が目立った。

「野口さんの活動資金の足しにしてもらいたい。1人分でも多くの遺骨を祖国へ帰してもらいたい」として、お金が添えられている手紙もあった。

送り主は70代から80代である。おそらく年金などの中からやりくりしてそのお金を送って下さったのか、と思うと、胸が熱くなった。野口にそのことを伝えると、感動をし、喜んでくれた。

※

野口には、「突破力」とも言うべきパワーがある。回りを巻き込んで、難しい課題でも〝力わざ〟で乗り越えていく力だ。

この後、野口はその「突破力」を存分に発揮することになる。NPO法人「空援隊」のメンバーすら、「とんでもないことをしてくれた」と驚くことになる出来事を、野口はやってしまったのである。もちろんそのときは、野口の行動が事態を大きく変えるきっかけになるとは知る由もなかった。

「レイテ島へ行きたい」……2008年10月・フィリピン

1

野口がやらかした「とんでもないこと」。それはNHK教育テレビの番組（2008年8月放映）で「10月にフィリピン・レイテ島へ（遺骨収集に）行ってきます」と勝手に宣言してしまったことである。

そのとき野口は、1回目のフィリピン行き（2008年3月）で行動を共にしたNPO法人「空援隊」の理事になっていた。2回目の渡比も当然、空援隊と一緒である。野口のNHKでの発言を聞いて、一番、驚いたのは、全体のリーダーで空援隊の理事・事務局長である倉田宇山であった。

倉田が振り返って言う。「レイテ島は、ほとんどの住民に現金収入がなく、経済格差が激しい。その分、治安がいいとは言えない島だ。しかもセブ島とは違い、空援隊の現地ネットワークができていない。そこへいきなり行こうというのは無茶以外の何ものでもない。（野口には）絶対、レイテのことは口にしてくれるな、と釘を刺していたのだが……」

しかし、公開の場（テレビ）で野口が喋ってしまった以上、行かないわけにはいかなくなった。テレビを見た視聴者から、ＮＨＫや野口サイド、空援隊への問い合わせが相次いだからである。

野口は野口で、レイテ島への強い思いがあった。激しい地上戦が行われたレイテ戦では約８万人の日本軍将兵が亡くなっている。約１万５千人が立てこもったカンギポット山からはひとりも生きて帰らなかった。日本の敗色が濃くなった時期からは、もう組織的な戦闘はなく、敗走につぐ敗走、補給らしい補給もなく、多くは病死か餓死であった。地元ゲリラによる、掃討作戦によって、戦後亡くなったケースも多い。しかも、その遺骨の多くは未帰還のままなのだ。

「レイテ島のことはずっと気になっていた。２００８年３月にフィリピン・ボホール島へ行ったとき、『この向こうにレイテ島があるんだな』と思ったものです。帰国してからレイテ戦のことを調べたら、極めて悲惨な戦いがあり、実に97パーセントが戦死したという。その遺骨はほとんどが現地に残っている……。それを知って僕自身、ぐっと気持ちが入り込んでいくのを感じた。『行きたい』という思いが募り、つい喋ってしまったのです」

仕方なく倉田はフィリピンに駐在する空援隊の現地スタッフを４度にわたって、レイテ島へ派遣し、情報を集めた。レイテ島は治安がよくない上に、地形が人間には過酷で、道もよくない。日本人が遺骨を見つけるのは不可能に近い、という。

倉田自身、４年前に政府の派遣団の取材としてレイテ島に入ったことがあるが、そのときの「成果はゼロ」だった。「戦友会のメンバーが主力になっていたが、（仲間が亡くなった）場所がよくわからない。情報漏れを防ぐため、当時、地図を見ることができたのは将校以上だったから、無理もないのです」

ところで、野口が遺骨収集問題を取り上げて喋ったＮＨＫの番組は、以前から定期的に出演していた「視点論点」であった。

戦争のことを否定的にとらえることが多いＮＨＫが、よくその内容をＯＫしたものだと思うが、野口によれば、やはりＮＨＫ内部でも相当な論議があったらしい。

だが、野口が「遺骨収集の問題を話したい」と強く訴えると、最初は渋っていたディレクターも、まったくカットをせずに放送してくれた。異例のことである。活動を知って、資金援助を申し出てくれたスポンサーもあった。「それは、やらなくちゃいけないよね」と。野口の「突破力」がジワジワと力を発揮し始めたのである。

2

野口のＮＨＫでの番組を偶然、見ていたひとりが、神奈川県横須賀市の間島リユ（67）であった。

「レイテ島へ行きたい」……

間島の父親は、昭和20年7月、フィリピン・レイテ島ビリヤバで戦死している。ものごころがついたときにはすでに出征していた父親の顔は覚えていない。

「父が亡くなったところへ行ってみたい」と願っていたが、レイテ島へ行く観光ツアーなどほとんどない。そんなとき、テレビから「レイテ島へ行く」という野口の声が飛び込んできたのである。

そして、間島は夫とともに、空援隊に参加し、ついに父親が亡くなったフィリピン・ビリヤバの土地を踏む。

産経新聞に連載された「あなたを忘れない」から間島の記事（平成21年2月4日付け）を見てみよう。

○……父の顔は写真でしかしらない。戦死公報には、「昭和20年7月17日時刻不明、フィリピン・レイテ島ビリヤバで戦死」とだけ書いてある。もちろん遺骨は帰ってこなかった。「父が亡くなったのはどんなところだろう」

ずっと、レイテのことが気になっていた。だが、観光資源が少ないレイテに行く日本人向けの（観光）ツアーなどめったにない。

あきらめかけていたところ、偶然つけていたNHKの番組で、アルピニストの野口健さん（35）が「（遺骨調査のために）10月にレイテに行く」と話しているのを耳にした。その遺骨調査を行うＮＧＯに連絡を取り、開口一番、こう聞いた。「ビリヤバには行きますか？」と。

灼熱（しゃくねつ）のジャングルの前に、鮮やかなコバルトブルーの海が広がっている。道なき道を数時間かけて登っていくのは、60歳を過ぎた身には、さすがにきつい。熱さと疲労でくたくたになり、途中で歩けなくなった。

そのときである。父の声が聞こえた気がした。

母が持っていた父の写真

「よう来たな。よう、ここまで来てくれた」

持参した父の写真を飾り、線香を上げると、涙が止まらなくなった。

レイテ島では約8万人の日本兵が亡くなっている。敗走に敗走を続け、最後は食糧がなくなり餓死した兵も多いという。

父が戦死した正確な場所はわからない。遺骨を見つけても本人の特定は不可能だ。

それでも、「来てよかった」と思う。父は60年あまりも待っていたのである。「ずっと、父のことが頭から離れなかった。だって、私が思わなきゃ、誰が父のことを思うのですか」

あの戦争ははるか遠くになり、遺族も高齢化していく。遺骨収集に対する遺族の思いもさまざまだ。

収容所で病死し、墓地に埋葬されているケースが多いロシアでは、戦友が埋めた場所を覚えており、ＤＮＡ鑑定の結果、本人の遺骨と特定され、娘さんと〝60年ぶりの再会〟を果たした例もある。その一方で、世代が離れてしまった遺族から、「いまさら……」と遺骨や遺品の引き取りを拒否されることも。

今回のレイテの調査でも、遺骨の近くで、名前が入った水筒などが見つかった。「遺族に手渡してあげれば、どんなに喜ぶだろうか」と思う。だが、それを誰がやるのか？　一部の人の情熱だけでは、とてもまかないきれない……◯

間島リュ

間島の両親の供養灯は、母が長くお参りしていた高野山東京別院（東京都港区）にある。そこでインタビューをしたとき、父が写っているモノクロの小さな写真を見せられた。母が長く大事に持っていた写真で、一枚しかないという。

「母が亡くなったいま、父のことを思うのは私しかいません。遺骨は帰らず、せめて私が父のことを思い続けなきゃ、父が可哀想です」その言葉が胸に響いた。

間島と同じように、戦争によって「父の顔を知らない」という人は少なくない。記事が掲載された後、「同じ境遇にあります。ぜひ間島さんとお話しがしたい」というお便りも産経新聞に届いた。

記事に書いたロシアでの「60年ぶりの再会」についても触れておきたい。

ソ連軍（当時）によって強制的にシベリアに抑留された人は約60万人。酷寒の地での過酷な強制労働、食事らしい食事も与えられず、わかっているだけでその約1割が亡くなったという。

シベリアで亡くなった人の多くは、収容所近くの墓地に埋められた。だが、ロシア（ソ連）は平成3（1991）年まで、日本人の遺骨収集を認めなかったため、長い年月で墓地が荒らされたり、場所がよくわからないというケースもあった。

ところが、戦友や遺族の思いは、その年月以上に強かったのである。

福島県に住む元教師の女性は母親のお腹の中にいるときに父親が出征、戦後は、シベリアに抑留されて収容所で病気のために亡くなった。だから父親を一度も見たことがない。年頃になって、同級生たちが父親の話をするのを、羨ましく聞いているしかなかった。

父親を埋葬したのは戦友のひとりだった。「いつかもう一度ここへ来て、必ず俺が日本へ連れ帰ってやるからな」と声を掛け、涙をこらえながら埋葬したのである。

平成の時代になり、ようやくシベリアでの遺骨収集が認められたとき、娘さんと戦友は真っ先に駆けつけた。その後、何度も現地に通い、最近になって、その収容所の場所に政府の収集団が派遣されることになった。

すでに80歳を超えていた戦友は、父を埋葬した場所を正確に覚えていた。「何列目の何番目だ」と。掘り出した遺骨と娘さんとの間でDNA鑑定を行った結果、まさしくそれは父であった。60年ぶりに奇跡の再会を果たしたのである。

白木の箱に入った父の遺骨を抱きしめると、ずっしりと重たかった。

「父に抱かれたことがない私だけど、私は父をこうして抱きしめることができた」。その話を聞いて、私は涙をこらえることができなかった。

3

話を野口たちに戻そう。

2度目のフィリピン行きを前にして野口と倉田は、憤慨をしていた。3月の遺骨調査で「空援隊」が見つけたセブ島・カーカー付近の洞穴にあった150人分はあろうかという遺骨のことである。

空援隊の情報に基づいて、7月に政府の派遣団が現地へ行き、詳しい調査を行った。それを、フィリピン人の大学教授である鑑定人が遺骨の鑑定を実施した結果、たった16人分しか「日本兵の遺骨」と認められなかったのである。

明確な根拠はまたもや示されなかった。そのほかの遺骨は、「フィリピン人のものか、有史以前のものだ」というのである。

「そんなはずはないだろう」と倉田は怒りを隠さなかった。現地住民によれば、この付近には日本軍部隊の司令部があり、米軍の集中攻撃によって多数の日本軍兵士が亡くなった。現地住民は、キリスト教徒だから、遺体は決して放置しない。たとえ貧しくてもお墓は有るのだ。一方、米軍はここではほとんど死んでいない。客観的に見ても、「日本人しかありえない」のである。

政府の遺骨収集事業に「鑑定人制度」が導入されたのは約5年前のことだ。一部で由来のはっきりしない怪しげな遺骨を持ち込む動きがあったために、関係者から厚労省にクレームがついた。そこで、この制度が作られたのである。フィリピンのように現地の政府に依頼して専門家を起用するケースや、規模の小さい国の場合、日本から専門家が同行する場合もあった。

鑑定人制度が導入される前は、政府の派遣団が見つけた遺骨はすべて日本へと持ち帰っていた（全量回収）。だが、制度ができてからは、鑑定人が「OK」を出さない限り、持ち帰ることができなくなった。

もちろん、「制度自体が悪い」というわけではない。正常に機能すれば、当初の目的通りに、遺骨を売りつけたりする〝いかがわしい動き〟を排除するために、大いに役立ったに違いない。

だが、フィリピンの場合は、素直に「そうですか」とは言えなかった。「カーカーのようなこと」が、これまでに何度も繰り返されてきたのである。

見つけた遺骨を一体ごと確認してゆく

この鑑定人の大学教授は、アシスタントを3人連れてきて、まる1日かけて、屋内に遺骨を広げて鑑定する。1日当たりの手当ても決して安くはない。だが、何を調べているのか。どこを重点的に見ているのか。回りの人間にはまったくわからないし、十分な説明もされない。

それなのに、鑑定人が「ミクスチャー（混在）」とひとこと言えば、もう日本に遺骨を持ち帰ることができないのだ。

こうした度重なる〝不可解な鑑定〟によって、却下された遺骨は、空援隊が見つけただけで1000体以上になっていた。

納得できない倉田は、土地のオーナーに自分でお金を払ってその遺骨を保管して貰っていた。そして、我慢も限界に近づいていたのである。

倉田が言う。「われわれが苦労をして遺骨を見つけてきても、鑑定人が明確な根拠も示さず『ノー』という。地元の住民が『日本人に間違いない』と言っているのに、こんなバカなことがありますか。もし、日本人の遺骨だったらだれが責任を取るのか？ でも、厚労省は知らん顔をしている。だから僕は、絶対に、この鑑定人をクビにしてやろう、と思いましたね」

倉田らはやがて、思いもよらない大胆な行動に出る。それは厚労省をも巻き込んで、大きな変革へと発展するのだが、この時点ではまだ、唇を噛んで遺骨を現地に置いて帰るしかなかった。

4

野口の出たNHKの番組を見て、10月のフィリピン行きに同行を希望したのは、間島だけではない。合わせて4人が「空援隊」の一員として加わった。

一行は、レイテ、カモテス島を5日間かけてまわり、遺骨のある場所を調査した。このうち、レイテ島で実質的に遺骨を探せたのは3日間。確認できた遺骨は16人分。全体でも

24人分にとどまった。

野口は、「自然環境が非常に厳しかった。気温が高く雨が酷い。遺骨のある場所にたどりつくまでに、ジャングルを5、6時間（往復）もかけて歩かねばならないこともありましたね。おそらく、間島さんら、ご高齢の参加者には相当きつかったことでしょう」と振り返る。

レイテ戦では、補給を断たれた上での餓死も多かった。遺骨が見つかった洞穴には、名前が書かれた水筒など、遺留品も残っていた。不発弾が遺骨と一緒に見つかったケースもあったという。

間島の父親が戦死したビリヤバでの調査も厳しいものになった。遺骨のある場所まで徒歩で約3時間。間島は途中で歩けなくなり、その場所で、持参した父の写真を飾り、線香をあげてお経をあげた。「よう来たな」という声を聞いたのはそこである。

野口はこのレイテで、改めて遺骨収集の困難を思い知らされことになった。

「レイテは8万人の日本人が亡くなっているが、集団自決はむしろ少なく、『ここに1人分、あそこに1人分』というようにバラバラになっている場合が多い。だから、かつて一緒に戦ったという戦友や遺族が行っても、見つけることはなかなか難しい。現地にネットワークを築き、現地住民の情報によって、組織的に捜さねば無理だ、ということがよくわかった」

倉田と「空援隊」がセブ島などでやったのがまさしく「その方法」である。

ただ、倉田はこのままでは、セブ島だけでも、すべての作業を終えるのに「3年はかかる」と考えていた。現地住民の信頼を得て、ネットワークを築き、効率的に有効な情報を集めるには、それだけの準備と根回しが必要だったからだ。

だが、「時間」との闘いは、否応なく決断を迫ってくる。年月が経てば、人々の記憶は風化し、有効な情報は得られなくなる。それを倉田は、「ギリギリあと5年が限度」と見ていた。

野口の思いがけない発言で、レイテに行くことになった倉田はこの後、思い切った「方針転換」を図ることになる。それは、野口の「突破力」に触発されたせいだったのかもしれない。

5

2度のフィリピンでの遺骨収集調査を経験した野口も、「いまこそ行動しなければならない」という思いを強くした。それと同時に、国（厚労省）のやり方に、大きな疑問を抱くようになる。「国はあの戦争に、本気で向き合おうとしていない」という疑念だ。

産経新聞連載の「あなたを忘れない」（平成21年2月3日付け）の記事を振り返ってみたい。

○……「国のために命をなげうった人たちじゃないですか。国の責任で帰すのは当然のこと。国家としてのプライドの問題だ」

最近、いろんな機会をとらえて遺骨収集の問題を訴えている。ＮＨＫの番組で「話したい」というと、最初は渋っていたディレクターもカットをせずに放送してくれた。異例のことである。活動を知って、資金援助を申し出てくれたスポンサーもあった。「それは、やらなくちゃいけないよね」と。

昨年、超多忙のスケジュールを縫って、フィリピンへ2度、渡った。熱帯のジャングルの洞穴で、放置されたままの無数の遺骨を目の当たりにした。きれいな歯が残っていて、まだ20歳前後と思われる人の遺骨も多い。「故郷に帰りたかっただろうな」と思うと胸が詰まった。

海外での戦没者は約２４０万人。５人に１人強（約52万人）がフィリピンで亡くなっている。そのうち、祖国に戻ることができた遺骨は、いまだ約13万人分に過ぎない。

「激しい戦闘があったレイテ島では、約８万人が亡くなっている。補給もないまま、追い詰められて……。１万人以上が立てこもって１人も帰らなかった山もある。その多くの遺骨が、いまだに帰っていないんです」

遺骨収集の問題は、〝時間との闘い〟でもある。戦後60年あまりが過ぎ、情報はどんどん少なくなる。「急がなきゃ」と思う。なのに、政府の遺骨収集事業ははかばかしい成果が挙がっているとは言えない。政府高官から〝幕引き〟を示唆する発言が飛び出したこともあった。

「あの戦争に正面から向き合っていないと思う。こんなことでは今後、国のために命をかける人はいなくなる。政治の力で『絶対に連れて帰るんだ』という意思を示してもらいたい」

かつて、富士山やエベレストのゴミの問題に取り組んだときも、最初は冷ややかだった。だがいろんな場所で深刻さを訴えて協力を呼びかけ、今では大きなムーブメントになった。

「僕の役割はできるだけ多くの人に『伝える』こと。ほとんどの国民は遺骨収集のことをよく知らないのです。でも、反響は思ったり凄い。確かな手応えを感じてますよ」

昨年末、遺骨収集事業が民間にも開かれる道筋ができた。この3月、自分の手で遺骨を帰すべく、今一度、フィリピンへ向かう……◯

遺骨収集事業の〝幕引き発言〟とは、平成17年、当時の厚労相が「数年後の〝幕引き〟」

倉田（中）と野口（右）

を示唆したものである。

昭和27年度に始まった国の遺骨収集事業は、50年度をピークに収集柱数が減り続け、国側や一部の関係者にはこの時期、遺骨収集事業にはピリオドを打ち、遺族による慰霊巡拝事業や慰霊碑建立事業に軸足を移したいという、思惑があったとされる。

派遣団の主力となっていた戦友会や遺族会は高齢化が目立ち、すでに「有力な情報」を得るのは難しい。派遣団は形骸化し、現地での表敬訪問など公式行事ばかりが目立つにようになっていたのである。

そんなときに、「空援隊」のような独自のやり方で目を見張るような実績を挙げる民間の団体が出てきたのだから、厚労省らにとっては気に障らないはずがない。

倉田らは、再三にわたって厚労省や在外公館と衝突を繰り返した。

「昭和26年ぐらいまでは、遺骨収集をやるのが当たり前の時代だった。その当時は、戦争経験者がたくさんいたが、いまはほとんど残っていない。『日本人が何とかする』と言う状況にないのに、厚労省は昔ながらのやり方に固執している。このままじゃ、おいつかない。死ぬまで無理ですよ」

野口も憤りを抑えられなかった。「遺骨収集というのは、役人に言わせれば、決して現在進行形じゃない。ある意味終わっている話なんでしょうね。戦没者は声を出せません。どこかで終わりにしたい、と思っている。でもその姿勢は、戦争に正面から向き合おうとしていない証拠。国のために亡くなった人を国の責任で『絶対に連れて帰る』という強い意思がどこにも見られない。時間をかけてやってる場合じゃないんです」

6

政治家というものは「世論」に弱い。逆に世論が沸騰すれば、いつの間にか〝先頭に立っている〟というのが政治家である。

遺骨収集の問題は、国民の関心が決して高いとは言えなかった。それはメディアの問題でもある。メディアが報じないから、国民は情報に触れる機会がない。

ちなみにアメリカの場合は、戦没者の遺骨が故郷に帰るときには、「ナショナル・ヒーロー」として盛大な歓迎セレモニーが開かれ、地元メディアは大々的に報じている。

だから、アメリカ軍は、莫大な予算と人員をかけて徹底して戦没者の遺体・遺骨の捜索を行う。たった1人の遺骨を捜すために、大量のスタッフを硫黄島に送り込んだこともある。こうした行為があってこそ、現在、命をかけて国を守っている「現役」の士気が高まるのだ。

野口の日本政府の姿勢に対する疑問もまさにそこにあると言っていい。先の大戦の戦没者の遺骨収集事業の〝幕引き〟を企図したり、自衛隊を嫌悪する一部政治家や一部国民の姿勢を見て、「今後、国のために命をかける人が出てくるだろうか」というのだ。

野口や倉田は、こうした国の〝サボタージュ〟とも言える動きに憤慨し、自分たちの手で「ひっくり返す」つもりだった。

野口は、この活動に取り組むようになってから「手応え」を感じていた。

「反響は思ったよりも凄い。マイナスにとらえる人は少ないし、スポンサーも共感してくれた。多くの人は知らないだけ。『そんなことがあったのか、やらないといけないよね。このままでいいの？』と。若い人だけじゃなく、中年の人も知らない。基本的な情報を知らないのです」

こうした野口の「感覚」は鋭く、そしてよく当たる。いまや大きなムーブメントとなった「環境問題」も最初は誰も感心を持っていなかった。それに〝火をつけた〟ひとりが野口である。

遺骨収集問題も、この1、2年で火をつけて、ムーブメントにしたい。野口はそう思っていた。

「この問題に『右』も『左』もない。『悪』か『正義』か？でもない。あの戦争を評論するものではないのですまた、『国』だけでも『民間』だけでもやれる問題ではない。ただ『時間』がないのです」

それには政治家が声を上げねばならない。世論が湧けば、政治家は動く。「突破力」と「知名度」がある野口の出番である。実際、NHKでの発言は、少なくとも〝歯車〟を2つか3つは進めたはずだ。

「でもまだ、政治家が動くところまでは行っていない。ただ、『ボディブロー』のようにジワジワ効いてきているとは思う。政治家が動けば、いろんなことができるようになる。もう少しだ。私利私欲なく、輪を広げていけば、必ずムーブメントになる。そのために僕たちが『伝えて行くこと』こそが重要なんですよ」

倉田も言う。「これまでは国民の関心が低すぎた。知らない人がほとんどだったから。『いまだに遺骨が残っているの?』『本当に日本人なのか?』という人もいたくらい。そんなとき、野口さんのような人がいるのは本当に助かる」

野口は2009年3月に、今一度、フィリピンに行くことを決めていた。帰国翌日にヒマラヤへ向かうという超ハードスケジュールである。それでも何が何でも行かねばならない。そして今度こそ、「遺骨と一緒に日本へ帰国する」決意であった。

〝3度目の正直〟で遺骨と帰国

2009年3月・フィリピン

1

NPO法人「空援隊」の倉田が考えた「思い切った方針転換」とは、国（厚労省）を通さずとも、日本人の遺骨を持ち帰ることができるという、まったく新しいシステムを作りあげることであった。

意外なことだが、遺骨収集事業は、何らかの法律に基づいて行われているわけではない（閣議決定のみ）。「政府の派遣団しか遺骨を持ち帰ることができない」という原則も、あくまで厚労省が決めたルールに過ぎなかった。

ただ、現実に、空援隊のような民間団体がそれを破ろうとすれば、さまざまな関門があった。現地政府や日本の在外公館の承認を得ることや、日本へ持ち込む際の検疫の問題などである。加えて、フィリピンでは前章で書いた「鑑定人」の問題があった。

しかし、倉田はもはや待ってはいられないと考えていた。何度も言うが、「時間がない」のだ。幸い倉田はこれまでのフィリピンの活動によって、同国政府要人とも人脈を築いている。〝仕掛けよう〟はあった。

問題の鑑定人を通さないシステムを作るには〝別の権威〟が必要である。まず、遺骨を発見した地元の住民や土地のオーナー、村長の証言をもとに「日本人の遺骨に間違いない」という公正証書をつくり、フィリピンの国立博物館のスタッフに鑑定を依頼する。そこでOKが出れば、現地で焼骨を行った上で、マニラの日本大使館で「遺骨である」という証明の公印を押して貰う。それがあれば、日本での受け入れには何の問題もない。

このシステムのミソは、「フィリピン側が『日本人の遺骨に間違いない』と公的に認める手続きをちゃんと踏んでいること」にある。相手国が認めているのだから、日本政府も受け入れざるを得ない。

2008年秋、倉田はこの新しいシステムを「電光石火」で作り上げてしまった。

2009年2月6日付けの産経新聞に掲載された「あなたを忘れない」での倉田の記事を振り返ってみよう。そこには、倉田の考え方とスタンスがよく出ている。まさに、信念と情熱に基づいた行動であった。

◯……「厚生労働省は遺骨収集を遺族のためにやっている、というスタンスだが、私は違う。『日本人のために』やっているんです」激しい言葉だった。

家業は神職である。3年前の平成18年、僧侶、元国会議員らと、フィリピンを中心に、遺骨収集（調査）を行うNPO法人「空援隊（くうえんたい）」（本部・京都市）を立ち上げ、情熱と的確な戦略、そして、時には強引ともいえる手法によって、数々の「旋風」と「波紋」を巻き起こしてきた。

遺族や戦友の情報に頼っていた日本政府派遣の遺骨収集事業は、関係者の高齢化による情報の減少などで、近年は、はかばかしい成果があがっていない。特にフィリピンでは、鑑定人の不明瞭な判定によって、「旧日本兵の遺骨ではない」とはねられる（日本に持ち帰れない）ケースが相次いでいた。

業を煮やした倉田は昨年末、フィリピン国内に築いた独自のネットワークと人脈を生かして、民間でも、遺骨を持ち帰ることができる方法（従来は政府の派遣団のみ）を、さっさと作り上げてしまった。慌てたのは厚労省である。「今後も国が主体となって行う」（外事室）と言ってみたところで、相手国（フィリピン）が空援隊の方法を承認しているのだから、考慮せざるをえない。

新方式で行った2度の派遣で収集した遺骨は800人分に上る。これは前年度に「全世界で1年間」に収集した数に匹敵する。両者の協議で当面は、空援隊と厚労省とが一緒に行うことになったものの、「今後、もし厚労省が行かないなら、われわれだけで遺骨収集をやる」と、役所側と軋轢（あつれき）が起きようが、お構いなし。活動にかかる費用は自前で賄ってい

現地での焼骨式

るから、気兼ねもない。なぜそこまで……。

「見てしまったんですよ。おびただしい数の遺骨が残されているのをね。（英霊に）呼ばれたんです。だから、仕方ありません」と苦笑する。

フィリピン・レイテ戦でほぼ全滅した第16師団（京都）の司令部跡地は、子どものころの遊び場だった。「因縁を感じますね。遺骨収集のことを、『いまさらそんなこと…』と批判する人がいるけど、一度、現場を見てきたらいい。日本人として、放置できるのか？と」

ここまで、突っ走ってきたのは時間がないからだ。戦後60年あまりが過ぎ、現地での情報収集は、「今後5年が限度」とみている。

「本来は、厚労省の1セクションだけで対処できる問題ではない。国を挙げたプロジェクトとして取り組むべきなんです。現にアメリカはそうやっている。その〝手足〟には、いくらでもわれわれがなりますよ」……◯

2

倉田の行動に一番、驚いたのは、国の遺骨収集事業を担当している厚労省である。慌てて外務省とも協議をしたが、やはり、「フィリピン政府側の承認」がある以上、日本への遺骨の持ち込みを拒否するわけにはいかない、という意見が大勢だった。

一方で、「遺骨収集は国が責任を持って行う事業」（厚労省外事室）というこれまでの原則を崩すこともできない。倉田との間で何度も激しいやりとりが交わされた。

誤解のないように書いておくが、倉田の方には、「国の参加を排除」する考えはまったくなかった。もとより「国が責任を持って行うこと」には異論はない。ただし、今の政府の派遣団のやり方では「絶対に成果があがらない」「現実的な対応をすべきだ」と思っていたから、行動に出たのである。

結局、厚労省は〝官僚らしい方法〟でメンツを守った上で「実」を取ることにした。

２００８年11月、フィリピンに派遣された政府の派遣団は、問題の鑑定人を外し、倉田が構築した「新方式」を全面的に採用した。その代わり、あくまで、「民間の協力を得ているだけ」という解釈にとどめ、実態は伴わなくても、「政府主体の事業」という〝看板〟は降ろすことは譲らない……。

この結果、新方式で初めて実施された11月の派遣では「294人分」という近年では格段に多い遺骨を日本に持ち帰ることができたのである。

問題は「その後」であった。

2009年1月、当初から予定されていた政府の派遣団が再びフィリピンへ行き、今度は「517人分」が収集された。もちろんこのときも、実質的に収集を行ったのは空援隊であるのは言うまでもない。

前年11月と合わせると、「新方式」でのたった2度の派遣で、800人分以上が日本へ帰ることができたことになる。驚くなかれ、このたった2度の派遣で収集された数は、前年度1年間に「全世界で収集された実績」に匹敵するのだ。

厚労省のスタンスは相変わらず、「民間（空援隊）とも協力して……」という曖昧なものだったが、倉田は、もはや〝政府のペース〟に合わせるつもりはなかった。新方式では着実に成果が挙がっている。それどころか、ずっと停滞していた遺骨収集の事業が、「驚異的な進展」を見せたのだ。躊躇しているヒマはない。

そして3月、いよいよ野口が「三度（みたび）」参加することになっていた「空援隊」のフィリピン行きを迎える。

今度こそ困ったのが厚労省だ。空援隊の早いペースについていけない。〝表面上だけのコラボレーション〟は、もう破綻寸前だった。

政府（厚労省）が行う遺骨収集の派遣団は「正規派遣」と「応急派遣」の2つがある。この3月の時点で、もはや厚労省側は、「派遣する予算も人員もなかった」

倉田は、厚労省が行かないなら、自分たちだけで遺骨を持ち帰ってくる決意を固めていた。繰り返しになるが、フィリピン政府側の了承は得られているのだから。

でももし、日本政府側が遺骨の持ち出しを阻止しようとしたらどうするか？ そのときは、「マニラの日本大使館前で〝座り込み〟をやる」つもりだったという。

「日本人（空援隊）が日本人（戦没者）の遺骨を持ち帰ることを、日本人（政府）に邪魔される謂われはない」。まさしく「正論」ではないか。

野口にしても、これまで2度、遺骨を目の前にしながら〝手ぶら〟での帰国を余儀なくされている。「今度こそ、遺骨と一緒に帰国したい」という思いだった。

厚労省の中もまた「揺れていた」

この3月の派遣を前に厚労省の幹部が野口に接触してきたことがある。野口の社会的な「影響力が大きい」と見た上での行動であったろうが、厚労省側の態度は意外なものであった。

それまで野口は、厚労省に批判的な発言をしたり、原稿にも書いてきた。だから、「てっきりクレームをつけられるか、（野口の言っていることは）『違いますよ』と説得されるんだと思っていた」ところが、厚労省の幹部は、「（野口さんの）おっしゃる通りです。私たち（厚労省）も『何をやっているんだ』とお叱りの声をたくさんいただきました」というではないか。野口は拍子抜けした。

厚労省とて内心は、忸怩（じくじ）たる思いがあったに違いない。そもそも、「同省外事室の少ないスタッフだけで、全世界の遺骨収集を行うことに無理がある」（倉田）のである。

そうした厳しい状況の中で、懸命に事業に取り組んできた職員も少なくない。思うように実績が上がらねば、予算や事業への縮小圧力は高まる。さまざまな「政治的な思惑」にも翻弄されてきた。

空援隊の新たな動きに対して、省内では激しい議論が続いたのであろう。結局、3月の派遣は▽「空援隊」が遺骨収集を行う▽マニラでの焼骨式には、厚労省の職員が合流し、一緒に遺骨を日本へ持ち帰る――という案が採用された。

昭和27年度に国の遺骨収集事業がスタートして以来、事実上、国が民間の遺骨収集を容認したのは、これが初めてである。

何度も繰り返すが、倉田らには「国を排除する」気は最初からまったくなかった。むしろ、国と民間が協力して、1人分でも多くの遺骨を帰すことができる体制さえできれば、それにこしたことはないのである。

こうして、3月のフィリピン行きは、国の遺骨収集事業においても、画期的な「転換点」となった。

3

「空援隊」を中心とする派遣団は総勢９人。３月17日に日本を出発し、セブ、カモテス、レイテ、ルソン島で遺骨を収集した。その中には、昨年10月の派遣で発見しながら、持ち帰れなかった４カ所の遺骨も含まれていた。セブ島の山中では、旧１０２師団司令部があった場所で１１９人分が見つかった。１日間で村人が70人がかりで見つけたという。レイテ島に近い小島・カモテス島の海岸近くでは、砂に埋まった大量の遺骨が見つかった。レイテ島から逃れてきた大量の日本兵が船で着いたところを撃たれたらしい。

野口が砂を掬ってみたら、いくつもの遺骨が掘っても掘っても出てくる。

「頭蓋骨がそのままの形で残っていた。それを取り上げてみたら、ボロボロを崩れてしまう。いったいどれぐらい埋もれているのか……。まさに夥しい数だった」

さすがに、この派遣団の体制では、すべてを収集することができず、このカモテス島の海岸の遺骨収集は次回に持ち越すことになった。

これを除いてもこの派遣では、全体で「４１９人分」が収集された。事前の打ち合わせ通り、帰国直前に厚労省の収集団が来てともに焼骨式を行い、マニラの日本大使館の了解を得て、３月25日夜、野口らは遺骨と一緒に日本へ帰ることができたのである。

野口にとっては「3度目の正直」であった。昨年3月、10月の渡比では、数多くの遺骨を目の前にしながら、日本へ持ち帰ることができず、涙を呑んで帰らねばならなかった。今回は違う。自分たちの手で、「国のために亡くなった人たち」を連れて帰ることができたのである。

ところが、野口は、日本へと向かう飛行機の中で落ち着かなかった。〝一緒に帰る〟のは、日本を出るとき、「お国のために役立って来い、立派に死んで来い」と盛大な見送りをされて送り出された人たちである。

初めて遺骨とともに帰国（成田空港ロビー）

それが、60数年ぶりに祖国へ戻るのだ。だれも出迎えず、ひっそりと、まるで「罪人」のように帰国するのでは、あまりにも酷すぎるし、あまりにも寂しい。

間の悪いことに、ちょうどそのとき、ワールド・ベースボース・クラシック（WBC）で優勝した日本チームがアメリカから凱旋帰国する便が直前に成田空港へ到着することになっていた。

「きっと到着ロビーはWBCナインを出迎えるファンで大騒ぎになっているだろう。その後に誰も居なくなってしまったら……と思うと、心配でしょうがなかった」

野口の心配は杞憂に終わった。４１９人分の遺骨とともに、野口らが到着ロビーに現れるのを、多くの国会議員や官僚、メディア関係者、一般の人たちが温かく迎えたのである。白布に包まれた遺骨を納めた箱を押して出てきた野口に向けて、いくつものメディアのカメラが向けられた。野口はホッとしたのと同時に、目頭が熱くなった。

戦没者たちは再び、晴れて懐かしい祖国の土を踏むことができたのだ。そして、それを迎えてくれる人たちがいる。

「お帰りなさい。長らくお疲れさまでした」と。

4

成田空港近くのホテルで行われた帰国の記者会見には、野口や倉田、厚労省の戸井田とおる政務官（当時）、遺骨収集事業を担当する及川桂官房審議官、そして、与野党の多くの国会議員が顔をそろえた。まさしく、異例のことである。

そして野口が今回の派遣の活動内容を説明しようとしたとき、ちょっとした〝異変〟が起きた。

マイクを持って発言していた野口の言葉が突然詰まり、続かなくなったのだ。

何度も何度も話をしようとするのだが、感極まって言葉がでない。身体が小刻みに震え、目が赤い。メディア側も驚いた。時間にすれば、30秒だったか、1分だったか……。しばらくして隣にいた倉田が優しく野口の肩に手を置いた。

「いろんなことを思い出してしまって……。とくに、空港での温かい出迎えのことが目に浮かんで、ジーンときたんです。あれは本当に嬉しかった。だけど、まだまだ遺骨は残っている、まだまだ帰りを待ちわびている人たちがいるんだ」と。

野口らの熱気に突き動かされたのか、記者会見ではメディアの質問がいつまでも止まない。午後9時に始まった会見が終了したのは夜更けの午後11時過ぎだった。記者会見での主なやりとりを紹介してみよう。

倉田宇山（空援隊理事・事務局長）　今回は（２００９年）３月17日に日本を出発。総勢９人で、途中で３人が先に帰国した。セブ島、カモテス島、レイテ島での遺骨収集が中心だった。ルソン島では空援隊の現地スタッフが収集活動を行い、合わせて４１９人分の遺骨を収集することができた。

最初に17日にセブ島へ、翌日早朝、レイテ島へ渡り、昨年10月に発見していた遺骨の収集を４カ所で行った。レイテの２日間で23体分を収集した。20日の早朝にカモテスに渡った。レイテの近くにある小さな島だ。その浜辺で大量の遺骨が見つかり、今回は全部収集しきれないので、残してきた。早急に政府の派遣団を行かせる必要があるが、多分、30〜50人が一列に並んで掘るなど、相当な人員投入が必要だろう。遺骨は砂浜から少し入った場所に埋まっているが、ほとんど砂はかぶっていない。手で掘ってもボロボロと崩れてしまう。とにかく、もう一度行く。日程を早急に組まねばならない。

そのまま20日の夕方にセブへ戻り、21日はセブの山中にある、旧日本軍の１０２師団司令部があった場所で収集を行った。見つかったのは１１９人分。１日で地元の人が探し、運んできた。約70の村人が総掛かりで作業をしてくれた。しっかりと、国立博物館のスタッフ（鑑定人）に認定してもらい、日本へ持ち帰ることができた。

国立博物館のスタッフは、ルソン島でも認定作業をした。去年の11月から、現地の証言をまとめてバランガイキャプテン（村長）に確認してもらった上で、日本人であるという確証が得られれば、供述証書を公証人役場に持ち込んで公正証書にしてもらう。最終的に「日本人であるというお墨付き」を貰い、マニラの日本大使館に持ち込むやり方だ。

23日にはセブ島内で焼骨式を行った。その直前に厚労省の収集団がきて、一緒に焼骨した。マニラで一緒に手続きを行い、不備がなかったため、日本大使館の了解を得て、日本へ持ち帰った。

野口　僕は空援隊のメンバーとして、昨年の3月、10月から、活動は調査から始まった。

フィリピンは非常に現場が大変なところにある。遺骨がある場所は基本的に山の中やジャングルの洞窟。とても暑いし、マラリア蚊もいる。また、治安が安定していないので、ボディーガードをつけなければならない。

3月、10月のときは、こうして苦労をしてやっと遺骨を発見しても、持って帰ることができない。それが最もつらいことだった。ただ、「鑑定が必要だ」と言われても、きれいな状態で残っている遺骨は少ない。どれだけ厳密に鑑定をできるのか？　という疑問があった。いずれにせよ、発見しても持ち帰らないというのは納得できなかった。

倉田　「一緒に連れて帰れない」のはつらいことだった。新たな方式では、地元の証言を重視し、状況から現場で判断する。博物館のスタッフは基本的に何体かカウントするだけだ。これは昨年11月から変わった。大きな一歩といえる。

野口　今回は、やっと一緒に帰ること出来た。ただ、空港では正直、どういうふうに出迎えられるか？　シーンとなるのはしんどいな、と不安だった。でも、メディアもたくさんきてくれて、やっと晴れて帰ってこれたという思いは強かった。

でも、遺骨はまだまだたくさん残っている。カモテス島の海岸ではかなり……（言葉に詰まる）

今回は何とか一緒に帰ることできた。でもまだ待っている人がたくさんいる。遺骨は「声」を出せない。でも、日々その「声」を感じる。戦後60年。ずっと祖国への帰りを待っていた人たちの声だ。「俺たちは60年も待っていたのに、おまえたちは帰るのか……」と。

倉田　今回、やっとひとつの道が開けた。「４１９人分」というのは凄い数だと思う。空援隊が収集した遺骨はこれで１０００人分を超えた。日本に帰ってこれたことになる。今後を遺骨収集の活動のための基金を設け、多くの人たちの協力を仰ぎたい……。

5

記者会見での話は今後の活動にも及んだ。遺骨収集事業について、空援隊のような民間団体にも民間にも道を開いた今回の方式は「今後の指針」となるのか？　また従来の方法ではなぜダメなのか？

特に、驚異的な実績を上げた「新方針」を果たして、国（厚労省）が公式の場で容認するのか？　厚労省の見解が注目された。

――これから、どう活動を続けていくのか？

倉田 10月に全島調査やり、活動を広げていく。ただ、空援隊だけでは資金の限界があり、国の協力も得たい。

野口 国とかＮＰＯだけの問題じゃなくて、すべての日本人にかかわってくる問題だ。今後は基金を立ち上げて、それをきっかけに多くの方にこの問題を知ってほしい。現実を見てもらいたい。その上で政府とも連携しながら、解決して行く問題だ。

そういう意味でも今回、国会議員、厚生省、ＮＰＯが一緒に会見した意味は大きい。空援隊としてはこれから1年で２５００人分の遺骨の収集を目標にする。

活動は今後5年が勝負だろう。現場へ行っても情報がなければ遺骨は見つからない。地元職員、事務所のネットワークを整備し、本当の情報が入ってくるような体制を作るのが急務だが、当時を知っている人はもう80代の半ば。だから5年なのだ。正直に言えば、時間がない、あせっている。政府、マスコミも協力して欲しい。そして活動には資金がかかる。だからこその基金化だ。

――「遺骨収集は政府の収集団が行う」という原則は変わるのか？

戸井田とおる（厚労省政務官） 今回、現実に４１９人分の遺骨が収集された。その多くは

記者会見で野口（中）は声を詰まらせた（成田市内のホテル）

空援隊の力であることは間違いない。今後、政府としても連携をして行くし、空援隊以外のＮＰＯとの連携もありうる。それは「時間がない」からだ。

これまで厚労省もフィリピンで事業を行ってきたが、治安上、入りにくいことがあった。だが、空援隊は、逆にゲリラから情報を貰う。現場の話を聞きながら、危険を冒してもルートを作ってこられた。政府として協力できることはやっていく。これはフィリピンだけでなく、他の地域や国内の硫黄島でも同じこと。政府としてできる限りの対応をしてゆく考えだ。

及川桂（厚労省官房審議官）　遺骨収集事業は、これまでずっと政府の直轄でやってきた。ただ、正直言って、試行錯誤や躊躇があったのは事実だ。今後は少し〝交通整理〟をした上で、きちんとした枠組みを作り、調整する作業が必要だ。「役割分担」をはっきりしていく。

遺骨収集は「あくまで国の責務としてやっていく事業である」というのが原則は変わらない。そうはいっても国だけではできない。こころざしを持って熱心に活動されている民間団体とうまく連携していけば、さらに成果があがるだろう。

事業には大まかに言って2つの役割がある。事業を実施していく上で、海外との関係、例えば2国間の外交、現地の理解を得ること、最終的な遺骨の判定など、国が責任をもってやってゆくべきことはしっかりやる。

一方で、その前の情報収集や情報の処理。また、収集作業についてもこれまでは、政府でやっていたが、今後は、一定のルールの下で空援隊にやってもらう。ただ、まだまだ試行錯誤の繰り返しで、もっともっと話し合いが必要だ。すべての地域で、いろいろと協議を進め、全体として成果があがる方法を考えたい。

――なぜ従来の政府のやり方では遺骨収集が難しくなってきたのか？

及川　ひとつは政府の派遣団の主体となっている情報源の問題だ。遺族会、戦友会が中心となってきたが、新しい情報が少なくなっていたのは事実だ。今後、情報収集は、現地に密着して踏み込んでやる必要がある。

国も平成18年度から「情報収集事業」をスタートさせ、フィリピンやソロモン諸島、東部ニューギニアの地域で、現地に強いコンタクトもっている民間団体に「情報収集」を委託している。

野口　これまでは、遺族会や戦友会が中心になってきたが、時間が経つと記憶があいまいになる。情報収集は地元のスタッフを動員する仕組みが必要だ。そうしないと遺骨は発見できない。空援隊の実績があがったのは地元スタッフを動員して組織的にやったからだ。

倉田　責めたくはないが、厚労省主体の国の派遣団は、新たな情報収集をやってこなかったといえる。予算をかけて情報収集をやっても、遺骨収集の実績があがっていない。空援隊は、実際に現地に行く前に、現地にいるスタッフが〝地ならし〟をやってくれる。治安情報も検討した上でやっている。数字が上がるのは当たり前だ。

野口　「新方式」はひとつのモデルケースになるだろう。遺骨収集はフィリピンに限らない。こうした国と民間の連携がモデルケースになり、他の地域でも参考になるのではないか。そのためにもまず、フィリピンで徹底的にやる。

戸井田　「思い入れの差」というものがあるのではないか。政府も一生懸命やったが、遺骨収集の数はだんだん減ってきた。そうした状況の中で、空援隊は地域に入り、これだけの実績あげた。そのやり方を政府は素直に聞いて、どう協力できるのか、考えたらいい。

もちろん、「政府の責任でやる」という基本は保つ。その上で、いろんな方の協力を得る。きちんと予算も取る……。

記者会見での厚労省の見解は、かなり踏み込んだ内容だったと言ってもいい。政府の派遣団の実績が近年低迷している理由を、「情報の不足」と認めた上で、空援隊のやり方を参考にし、連携すべきところは連携すべきだとしている。

あくまで、遺骨収集事業は「政府の責任でやる事業」という原則は崩さないものの、これまで政府の派遣団だけが行っていた「遺骨収集」は、一定のルールの下で、空援隊など民間団体の参入を容認する——といったことを初めて公式の場（記者会見）で認めたのである。

6

記者会見ではこのほかにもうひとつ、厚労省側の注目すべき発言があった。平成17年に当時の厚労相が行った遺骨収集事業の「幕引き発言」の全面否定である。

「事業の幕引きはないと考えていいのか？」という記者の質問に戸井田政務官は「そう考えている」と明言。舛添要一厚労相も国会答弁の中で、「期限はつけない」ことを示唆した。

これらの発言はいずれも、遺骨収集への民間の参入を容認した「新方式」が驚異的な実績をあげているからだ。

とは言ってもまだ端緒についたばかり。限られた時間の中で、帰りを待っている遺骨は限りなく多いのだ。

自民党衆院議員である厚労省の戸井田政務官は、「国会議員が動けば、世論が喚起される。たとえ財務省が反対しても、我々が『予算をしっかりつけよ』と声を出せばいい。それが国会議員の仕事だ」という。

野口はそれを、「国としての決意の問題」と言い切った。

「国の責任で帰すのか、という決意があるかどうか。それが試されている。国のために亡くなった人を粗略に扱う国は先がない。やがて滅びてしまうだろう。だれも国のために命をかけようと思わなくなるからだ」

「今後5年間が大事になる。人員、予算を〝集中投下〟して国民運動にする　ただし決して5年で終わりではない」空援隊が創設する基金の目標金額は12億円。そのお金で、フィリピン全島に遺骨の仮安置所を設け、地元の人たちに遺骨を集めてもらう。自動的に遺骨が祖国へ帰る体制をつくることが出来るのだという。

英霊は愛する家族を守るために、日本という国を残すために命を投げ打った。そして「いつかだれかが迎えにきてほしい」という思いを胸に異国の地で待ち続けている。

２００8年3月、野口が初めてフィリピンへ遺骨調査に行ってから約1年半。道程はまだまだ遠い。だが、野口の「突破力」、倉田らの熱意と確かな戦略で遺骨収集事業が大きく変わり始めたことだけは間違いない。

第二章　課　題

「すべての兵士を故郷へ帰す」アメリカ

たった一人の兵士をさがすために

1

「国のために命を投げ打った人を国の責任で帰すのは当然。国家としてのプライド、決意の問題だ」というのはアルピニストの野口健の言葉である。

戦没者のために、世界の多くの国では、広大な土地を使って立派な国立の墓地が設けられており、他国の首脳が、その国を公式訪問した際には、こうした施設にお参りし、献花するのが恒例だ。

先の大戦などで命をかけて戦った日本兵たちにとっても、亡くなったら神となって靖国神社に祭ってもらえる、というのが「心の支え」ではなかったか。その心情を思うと、「靖国問題」に対する現在の日本政府の対応は、英霊への〝裏切り〟と言ってもいい。

中国や韓国から何を言われようが、「戦没者の慰霊」をどう行うか、は日本自身の問題である。こうした政府の〝腰の定まらない姿勢〟が、遺骨収集問題への対応にも現れているのだ。

その意味で〝世界の警察〟を自任するアメリカの対応は、「日本の対極」にあると言えるだろう。

第二次世界大戦後も、朝鮮戦争、ベトナム戦争、湾岸戦争、アフガン戦争、イラク戦争……と、ある意味、世界のどこかで戦争を続けてきたアメリカにとって、「戦没者の慰霊」を疎かにすることは、軍のみならず国民の士気にかかわる。

自分が戦死した後に、国民から尊敬もされず、粗略な扱いを受けると知ったら、誰が国のために命を捧げるだろうか。志願兵はいなくなり、軍が維持できなくなるのは目に見えている。

だからこそアメリカは、「すべての兵士を故郷へ帰す。約束は必ず守る」を合言葉にして、行方不明者や戦死者の遺体（骨）の捜索・回収を徹底して行う。

そして、遺体（骨）が故郷の街へ帰ってきたときには、「ナショナル・ヒーロー」として、盛大に迎えられ、地元メディアも大々的に報じることが慣わしになっているのは前章で触れた通りだ。

アメリカ軍には、そのための専門組織が置かれている。軍の作戦行動中に戦死、行方不明になった兵士の捜索や遺体回収、身元確認、遺族への返還を専門的に行う「ＪＰＡＣ」

だ。陸、海、空、海兵隊4軍の統合組織となっており、その傘下に遺体の回収、身元鑑定を担当する実動部隊「ＣＩＬ（Central Identification Laboratory）」が置かれている。

そこでは約４００人の専門スタッフが常時、世界中に出張し、たとえ〝たったひとりの兵士の遺骨〟を捜すためであっても、必要な人員と予算をかけて徹底的に任務を遂行する。そして、今度は科学的な検証を行って身元を特定し、愛する家族が待つ、懐かしい故郷へと送り届けるのだ。

この〝遺骨収集のプロ集団〟とも言える「ＣＩＬ」には、かつて、日本人の研究者が研修生として在籍したことがある。そのひとりを取材した産経新聞連載「あなたを忘れない」（平成21年2月10日付け）を再掲する。

◯……アメリカには、軍の作戦行動中に戦死したり、行方不明になった兵士の捜索や遺体回収、身元確認、遺族への返還を専門的に行う4軍の統合組織（ＪＰＡＣ）がある。その傘下にあって遺体の回収、身元鑑定を担当する実動部隊がＣＩＬだ。

第二次世界大戦から、イラク戦争まで、「すべての兵士を故郷へ帰す」を合言葉に、世界中にチームを派遣し、遺体（遺骨）を見つければ、ＣＩＬの専門家が科学的に身元鑑定を行い、遺族へ引き渡す。

その徹底ぶりは関係者の間でつとに有名だ。たった1人の遺骨を探すために、硫黄島に多人数のチームを送りこんだり、ドーバー海峡が干潮になったときに泥を全部吸い上げて、遺骨を捜索したこともある。

そのCILで、研修を受けた40代の日本人がいた。

彼は、太平洋・ウエーキ島でCILが見つけた旧日本軍兵士とみられる遺骨の鑑定に加わり、「レベルの違いを思い知らされた」と打ち明ける。

遺骨は、3人分が個別に埋葬されており、日本海軍の下士官用のバックルが一緒に見つかった。歯の治療痕もあった。米軍には、第二次大戦以降のすべての行方不明兵士の歯科記録が残されており、DNA鑑定も行って、身元を特定する。

CILのスタッフから、「当然、キミたち（日本）もそこまでやるんだろう」と言われたが、日本にはそんな力量も予算もない。結局、身元不明者として、千鳥ヶ淵戦没者墓苑へ葬られるしかなかった。

「CILは予算も人も投入して〝当たり前のこと〟としてやっている。アメリカで戦死者はヒーローだが、日本ではいまだに〝日陰の身〟。認識の違いはあまりにも大きい」

日本にも、CILのような専門家のチームがつくれないのだろうか？　残念ながら現時点での答えはNOだ。

日本の場合、遺骨収集事業は厚生労働省外事室が担当している。多数の実動部隊や装備を持ち、専門家も擁している防衛省・自衛隊は国内の硫黄島での一部の業務を除き、基本的に遺骨収集事業にはタッチしていない。拉致問題のように、「内閣府に省庁の枠組みを超えた組織をつくるべきだ」という声もあるが、実現の見通しは低い。

だが今後、海外派遣が常態化している自衛隊で多数の犠牲者が出た場合などには、どう対処するのだろう。

国家のために命をかけた人の慰霊をおろそかにしては、現役の士気にかかわる。だからこそアメリカのＣＩＬは、徹底して任務を遂行しているのだ……◯。

まさに日本とは〝天と地〟ほどの違い、差があると言っていいだろう。

「始終、世界中で戦争をしているアメリカと日本と、では事情が違う」という声も確かにある。また、プロパガンダ（宣伝）という側面も確かにあるに違いない。

だが、問題の本質はそんなところにはない。「戦前、戦前のことは知らない、関係がない」とばかりに、見て見ぬふりをする一部政治家や官僚、そして国民の姿勢が問われているのではないのか。

戦争に負けても、日本という国がずっと続いているように、戦没者の家族の心情もまた変わらないのだから。

2

産経新聞の連載では触れられなかった「CILで研修した研究者」の話をもう少ししてみよう。

この研究者がCILで研修中、太平洋のウエーキ島でCILが見つけた旧日本軍兵士とみられる遺骨の鑑定作業に加わったことは連載記事で触れた。

CILでは、戦没者の遺骨の身元を特定するためにありとあらゆる科学的方法を駆使する。遺留品の分析や歯の治療痕はもちろん、DNA鑑定も使う。

日本の場合、遺骨収集事業で見つかっても、身元が判明するケースは稀である。ロシア・シベリアなど、墓地に埋葬され、身元が特定しやすい場合は、希望に従って家族・親族の資料との間でDNA鑑定を行うことがあるが、戦闘中に亡くなったケースが多い南方などでは、身元確認作業はほとんど行われていない。

日本にはCILのような専門家チームもなければ、予算も限られている。そして何より、「身元確認を行う気があまりにもない」のだ。

この研究者は、CILからウエーキ島で見つかった3人分の日本人と見られる遺骨を見せられた。「なぜ日本人らしいとわかったか」と言えば、歯の治療の痕が、日本式のやり方で行われており、遺留品として、旧日本海軍のベルトのバックルも見つかったからだ。
ところが〝その先〟へ進めない。

アメリカ軍の場合、第二次大戦後のすべての兵士の歯の治療記録が残されているが、日本軍には、そんな照合資料が、まともに残っているはずもない。防衛省は旧日本軍のことを一切引き継がず、遺骨収集事業は厚生労働省の担当なのである。

結局、ウエーキ島で見つかった3人分の遺骨は、日本の在外公館を通じて、厚労省へ引き渡され、身元がわからない戦没者が眠る千鳥ヶ淵戦没者墓苑へ納骨された。（前述）。

だが、もっと遺骨の身元確認が容易と思われる場所でも、日本政府は、十分な努力を怠っていると思われても仕方がないケースがあるという。

例えば、南方のある島の場合、（遺骨が見つかった）塹壕に籠もっていた部隊は特定できるし、兵士の名簿もある。決してほかの集団は入り込まない土地だ。万年筆、印鑑など、遺留品もたくさん出ている。ある関係者は「身元確認はやろうと思えば、ある程度はできるのではないか」と打ち明ける。だが実際にはなかなかその先には進まない。

厚労省には、もとよりそんな力量も予算も人員もない。そして、何より政府に「身元確認を行う」という意識がなければ、ＣＩＬのようなスキル（技術）やノウハウはいつまで経っても蓄積されないのだ。

これを「過去の戦没者の話」と片づけるわけにはいかない。日本にとって実は〝現在進行形〟の話だからだ。

近年、自衛隊は国連の平和維持活動に参加する形などで、世界中に派遣されるのが常態化している。政府がいくら「紛争地域ではない」と強弁しても、それが現実と大きくかけ離れていることは子供でも知っている。

そこでもしも自衛隊員に多くの犠牲者が出た場合、政府は防衛省はどう対処するのだろうか？　犠牲者の遺体（骨）の回収、身元の確認作業を、他国軍に御願いしてやってもらうのだろうか？

防衛省・自衛隊にとっても決して無関心ではいられないはずだが、残念ながら、現時点でこのテーマに組織的に取り組んでいる気配は感じれない。

ＣＩＬで研修した研修者は、「とりあえず自衛隊の中に、『人的被害対処チーム』のような組織を作ったらどうか」という。自衛隊には、さまざまな実働部隊があり、専門家も多数、擁している。

常設組織ではなく、普段は部隊や病院で勤務しているチームの要員を、必要に応じて召集する。年に数回、訓練を行うだけだから、費用もそれほどかからない。

そしてさらに〝一歩進めて〟戦没者の遺骨収集事業にこのチームを派遣したらどうだろう。どこの国でもこうした業務は「軍の仕事」である。部隊も専門家も抱えていない厚労省がやるより、ずっと成果が上がるはずだと考えるのは自然だ。

要は「国のやる気の問題」である。

この研究者には、忘れられない光景があるという。ＣＩＬには、約２００人のスタッフが仕事をしている研究所（ラボ）があり、建物はガラス張りになっている。そこにアメリカ中の高校生がひっきりなしに見学にやってくる。アメリカでのＣＩＬの「存在」がよく分かろうというものだ。

研究者は嘆く。「（遺骨収集事業をめぐる）日本の現状は非常に厳しい。いつになったらアメリカに追いつけるのか？　というよりも『追いつこうという意識』自体もあるのかどうか……」

その上で、「日本兵と思われる遺骨があるなら、何年たっても遺骨収集に行くべきだ。決して野ざらしにすべきでない。このままでは『靖国で会おう』という約束が果たせない。日本人として放っておくわけにはいかないでしょう」と語気を強めた。

■すそ野を広げ「国民運動」に

「僕と同じくらいの若者が…」

1

○……「僕と同じくらいの年齢の若者が、酷寒のシベリアで重労働をさせられ、病気や飢餓のために亡くなった。そのことを後世にしっかりと伝えなければ」

「私は衝撃を受けた……後頭部を銃で撃たれたり、解剖のために頭部を切断されたであろう、ご遺骨。故郷に帰れなかった悲しみはどれほどだったろう」

ＮＰＯ法人「ＪＹＭＡ（旧日本青年遺骨収集団）」は、昭和42（１９６７）年の発足以来、のべ約１５００人の大学生らを、遺骨収集事業の政府派遣団に送り出してきた。派遣回数は約２５０回、持ち帰った遺骨は約15万人分に及ぶ。冒頭の言葉は、遺骨収集に参加した若者たちの感想文である。

彼らは、ごく普通の現代の若者たちだ。最初は、遺骨収集のことはもちろん、戦争についてさえ詳しく知らなかった学生も少なくない。偶然インターネットで活動を知ったり、学生同士の口コミで、事務所に連絡してくる。最近は女子学生も多い。理事長の赤木衛(まもる)(44)自身もかつては、そんな学生のひとりだった。

「昔はね、『海外へ行けるから』という動機もありました(苦笑)。ここ数年、参加者は、ほぼ横這いですね。今年度は約60人のうち8、9割が大学生です」

政府の派遣団は、厚生労働省職員、遺族、戦友などで構成される。若い彼らに期待されるのは、もっぱら〝肉体労働〟だ。熱帯のジャングル、洞穴に入り、汗まみれになって遺骨を掘り出す。今や肉親の死にさえ、立ち会うことが少なくなった若者たちにとって、「命」を考え、先人の思いや苦労を知る貴重な機会なのだ。

JYMAのメンバーたち

ただ、現在の制度では、若者たちも政府の派遣団に参加する以外に、遺骨収集を行う手段はない。フィリピンでは民間でも収集ができる方法に道筋がつけられたが、他の国では以前と同じだ。

戦後60年あまりが過ぎ、派遣団の主力となっていた遺族、戦友たちが高齢化してゆくなかで、政府の派遣団は近年、思うような成果をあげられないでいる。また、「現地での公式行事が多過ぎて実際に作業をする時間が少ない」など、官僚組織ゆえの制約や無駄を指摘する声も少なくない。

「情報は今もないわけじゃないんです。肝心なのは、今後、限られた予算をどう有効に使い、誰が先人の慰霊を担っていくのか？　ということですよ」

アイデアはある。防衛省・自衛隊の参加やアメリカのＣＩＬのような専門チームの創設。そして、ＮＰＯ法人のような民間団体に幅広く門戸を開くことだ。

「いつかは政府が『遺骨収集事業をやめると』いう時期がくるかもしれない。でも、そこに、ご遺骨が残されているという『現実』と、『やりたい』という若者たちがいる限り、われわれは民間として続けていきますよ」……◯

産経新聞「あなたを忘れない」の連載で、ＪＹＭＡと理事長の赤木を取り上げた回（平成21年2月12日付け）だ。

学生時代から長く、遺骨収集事業に関わってきた赤木は、最近の政府派遣団のやり方に危機感を抱いていた。このままではいずれ、事業が立ち行かなくなると思うからだ。

政府の派遣団はずっと、戦友や遺族が主力になっていた。ずっと、彼らの「情報」を頼りにして、遺骨収集が進められてきたのである。もちろん、ＪＹＭＡの若い大学生らも派遣団の一員として参加するのだが、彼らに期待されるのが基本的に「肉体労働」であることは記事にある通りだ。

政府の予算や人員に限りがある以上、無制限に派遣団を出すわけにはいかない。事前に調査をし、「確度の高い情報」と判断されて初めて派遣される。

ところが、年月の経過とともに「確度の高い情報」少なくなっていくのは当然のことだ。残念ながら、戦友や遺族らの〝昔の情報〟では、十分な成果があがらなくなってきたのである。

そして、政府の派遣団に対しては〝お役所ならでは〟の硬直した体制や対応を批判する声も少なくない。

まず、公式行事が多い。相手国へ行けば、要人への表敬訪問などで時間を取られ、実際に遺骨を捜したり、掘ったりする時間がどんどん削られてしまう。

メンバーの人選についても、批判が聞こえてくる。派遣団に、その地と〝縁もゆかりもない人〟が入っていたり、言葉は悪いが、まるで〝大名行列〟か〝慰安旅行〟と見まちがうような派遣団もあるという。

政府の派遣団に加わるしか、遺骨収集を行う道がないのに、これでは「選定の仕方が公平でない」という指摘だ。

記事の中で赤木は、「誰が先人の慰霊を担っていくのか？」と問いかけている。「このまま『官』だけに任せていていいのか？　『官の仕組み』で、『官の時間』でいいのか」という疑問だ。

では、誰がそれを担うのだろうか？　赤木は「官を含めた国民運動にしたい」という。「もはや〝若い世代〟に受け継ぐときだ」とも。

日本の場合、遺骨収集事業は「ずっと受動的」に行われてきた。「あの場所に遺骨があるから、ぜひ遺骨収集に行ってほしい」という遺族や戦友の声を受けて、政府の派遣団が出される。それは今も昔も変わりはない。ただ戦争の記憶が鮮明に残っていた昔は、今よりも「何とかしてくれ」という声が多かった。だから、政府の派遣団が出され、多くの遺骨を持ち帰った。

だが、戦後60年あまり。以前も受動的だった援護行政が、情報の減少とともにさらに受動的になっていく。近年、政府の派遣団が成果をあげられなかったのはある意味、当然なのである。

多くのメディアはこの問題を報じないから、国民の関心も薄れる一方だ。

停滞を打開する方法として赤木は、防衛省・自衛隊が遺骨収集事業に参加することや民間のＮＰＯ法人などに、より一層の門戸を開くことを訴えている。

衣食住や輸送手段も含めて自己完結できる組織は防衛省しかない。だが、旧軍を継承しているのは厚労省というのが政府の立場で、防衛省は国内の硫黄島などを除き、基本的に遺骨収集にコミットしていない。

赤木は、「遺族年金の給付の部分だけ厚労省がやればいいのではないか。遺骨収集は防衛省がやるべきだ。訓練にもなるし、戦史、戦跡の勉強にもなる。官の立場がだめなら、民間出向でもいい」という。

民間のNPO法人などへの、事業のより一層の委託についても同様だ。意欲のある民間団代に任せば、「もっとコストをかけずに、今以上の成果を上げられるはずだ。民間人を行かせるのが危険だというなら、ちゃんとしたガイドラインを設ければいい」と話す。

研修会で学生を指導する赤木（左）

JYMAの運営は決して楽ではない。篤志家の寄付などに頼っているが、昨今の経済状況で環境はいっそう厳しさを増している。

参加する会員は年間60人程度。ほとんどは学生だ。学生同士のネットワークで知り合ったり、ネットを見てやってくる。最初は何にも知らなかった若者が、遺骨収集の現場に立てば、冒頭の感想文を書くように変わっていくのだ。

「こうした若い人たちの志を決して無にするわけにはいかない」と赤木は思う。「国がやらねば我々の手でやる」と。

2

国会の場で、この問題に取り組んでいる若手議員がいる。そのひとりが民主党の衆院議員の泉健太（34）だ。彼もかつては、JYMAのメンバーだった。産経新聞連載の「あなたを忘れない」2月11日付け記事である。

○……ニューギニア、硫黄島……、20代のころ、フィリピンで朽ちた慰霊碑を目にしたのが動機で、青年団体の遺骨収集事業に参加してきた。29歳のとき、大学時代を過ごした京都の選挙区から衆院選に初当選。父親は北海道の地方議員だが、地盤を譲り受けた二世議員ではない。

昨年3月には、慌ただしい国会日程をにらみながら、NPO法人のフィリピンでの遺骨調査に参加。「永田町」から、この問題に取り組んでいるひとりだ。

「初当選したとき（平成15年）、遺骨収集問題に取り組む議員連盟を探したのだけれど、見当たらなかった。なぜなら、かつては議連などなくても、当然のように熱心に活動していたからです」

残念ながら、いまの〝政界の空気〟はそうではない。

昭和27年度から始まった政府の遺骨収集事業はピークの50年度には、約3万6000人分の遺骨を持ち帰った。だが、歳月の経過とともに収集数が激減し、昨年度まで3年連続で、遺骨収集数は3ケタにとどまった。

一部の関係者の中には、遺骨収集事業にはそろそろ幕を引き、慰霊碑の建立や、遺族による慰霊巡拝事業に重心を移すべきではないか、という声もある。

「私は、国家の責務として遺骨収集事業は当然、続けるべきだと考えています。それが、この国を作っていくために『必要なこと』だと思うからです。ただ、大量収集時代はすでに終わっている。関係者の高齢化が進み、情報も人手も少なくなりました。こうした〝現場の実態〟に合わせて、今一度、活動を再考、そして再興する必要がありますね」

かつては、ともに戦った戦友や遺族の情報が頼りだった。国会議員や厚生労働省でも、彼らの意向に沿って動いていたことは、否定できない。特に、選挙のことが頭から離れない議員にとって、地元や支援者の意向は重いからだ。

それを今後は、関係者の運動ではなく、「国民全体の運動として再構築すべき」という。

「戦争の傷跡はまだまだ癒えていない。遺骨収集を国民全体の問題として受け止め、次世代に引き継ぐ時期が来ているのです。そのために、戦後世代を含めて、一般国民が収集

事業に参加できるような運動体をつくる必要があるでしょうね」……◯

泉もまた、遺骨収集事業を「国民運動に」と願うひとりだ。

これまでの政府の派遣団について、「正直言って、行ったはいいけれど〝はずれ〟も多かった。『過去の情報』に頼るやり方ではもう難しくなっている」と指摘する。

こうした中で、民間から「空援隊」のような活発な活動を行う団体が出てきたのである。泉は、「過去の厚労省の収集事業と空援隊が違うのは、『過去の情報』から『現在の情報』に変わった点だ。倉田さん（空援隊理事・事務局長）のような志の高い傑物の〝思い入れ〟が徐々に広がっている」という。

今後の課題は（空援隊のやり方を）いかにモデル化し、いかに実践してゆくかにある。「これから5年間に予算も人も〝集中投下〟し、国民運動にする。ただし5年で終わりじゃない。まず、フィリピンを徹底にやる。それからほかに展開する」

泉が言う。「すべての英霊に感謝の気持ちを持ち、国民が新たな時代を築く、戦後処理のありかたを考えてほしい」

3

ジャーナリストの笹幸恵（ゆきえ）（35）は野口や泉と同じ世代だ。こうした若い女性ジャーナリストが、遺骨収集問題に取り組んでいるのは珍しい。産経新聞連載「あなたを忘れない」2月13日付けの記事を再掲する。

◯……ガダルカナル、フィリピン、サイパン、硫黄島……。この4年間に訪れたのは15カ所。ときにはひとりで、ときには戦友会や遺族と一緒に、熱帯のジャングルに、サンゴ礁の島に入り、遺骨収集や慰霊巡拝の現場を見つめてきた。

虫や毒へビもいれば、治安の悪い場所もある。もちろん、トイレなどはない。女性には過酷な場所だ。「そんなこと、おじいちゃんの世代の日本兵たちが味わった苦しみに比べたら、全然、たいしたことではありませんよ」

こうした問題をテーマに取材を続けている若い女性ジャーナリストは珍しい。祖父は、シベリア抑留の経験者だったが、幼いころに話を聞く機会はなかった。戦争について、特別に強烈な体験をしたわけでもない。

「だから、『なぜそんな取材を？』と聞かれても困るんです。普通の女の子がファッションや化粧品に関心があるのと同じように、この問題に関心があったとしか言いようがない」と苦笑する。

それでも、取材を続けているうちに、遺骨収集の問題点が明確に浮かび上がってきた。関係者は高齢化する。現地での情報はますます少なくなる。現地人脈のネットワークもない……。

「はっきりしているのは、今のやり方ではダメだということ。一部の人の思いや情熱ではなく、『遺骨収集をやるんだ』という国家としての意志やスタンスを明確に示し、新しい枠組みを作っていくことが必要なのです。もう、小手先では対応できません」

ジャーナリストの笹幸恵

その際に、イニシアチブを取るのは、官僚ではなく、政治の力だ。政治決断があれば、官僚は動かざるをえない。そして、政治を動かすカギを握っているのは「世論の動向」だとみている。

「世論が動けば、政治は必ず動く。ムーブメントを起こさなければならない。だから、新聞、テレビの役割は大きいのです」

大学や高校で、若い学生・生徒に遺骨収集ついて話す機会も多い。みんな、思いのほか真剣に耳を傾けてくれる。「今度、遺骨収集の現場に行くときは、私も連れていってほしい」という女性学生もいた。

「若い人が関心がないなんてウソ。ただ、知らないだけなんです。話をすれば、高校生も真摯（しんし）に受け止めてくれました。だから、学校で遺骨収集のことを教えればいい。修学旅行で硫黄島へ連れて行けばいいんですよ」

同世代の友人、知人もそうだ。男性よりも、むしろ女性が共感してくれる。「日本って、こんなことさえやっていなかったの。それはイカンよね。何とかしなくちゃね」って。

戦後60年あまり。何もしなければ風化は避けられない。遺骨収集事業も終わってしまう。

「20代、30代、40代が引き継いでいかねばならない。声をあげるべきなんですよ」……◯

高齢化が進む遺族・戦友の慟哭

「思い出」にするには早すぎる

1

国の遺骨収集事業において、ずっと主力となってきたのは遺族、戦友である。愛する夫を、兄を、父を、そしてともに命がけで戦った戦友を祖国へ帰したい。こうした「強い思い」に支えられて、事業は進められてきたのは間違いない。

シベリアの収容所で、南方のジャングルで、自分のすぐ隣で無念の最期を遂げた戦友を埋葬しながら、「必ず迎えにきてやるぞ。その時までもう少しだけ待っていてくれ」と涙をこらえて叫んだに違いない。その約束を果たすために、どれだけの人たちが、再び、その場所へ向かったことだろうか。

ある人は、それが「生き残った自分の責務だ」と話した。戦友の遺骨を探し続けた父親の背中を見て、「その仕事」を受け継いだ息子や孫も少なくない。

ただ、年月の流れは無情だ。戦後60年あまり。戦友の多くは80代、90代になった。遺族も高齢化が進む。父親の出征を母親のお腹の中で見送った人たちでさえ、もう60代になる。こうした関係者の高齢化は、遺骨収集事業に影を落とし、否応なく事業の変革を迫っている。

産経新聞に連載された「あなたを忘れない」（平成21年2月5日付け）では、高齢化が進む遺族、戦友の〝魂の叫び〟を取り上げた。

○……あどけない軍服姿の顔写真が並んでいる。20歳前後の若さでシベリアに抑留され、収容所で亡くなった満州国軍の軍官学校（士官学校）7期の同期生の写真だ。

抑留経験者でつくる東京ヤゴダ（シベリアで飢えを凌ぐためによく食べた木の実の名から取った）会副会長の茨木治人（82）は当時19歳。「夜中に零下50度まで冷え込む酷寒の中で鉄道工事をやらされた。栄養失調になり、半分以上が死にました」

ロシア（旧ソ連）で遺骨収集が認められたのは、平成3（1991）年になってからだ。仲間の遺骨を探し、慰霊碑を建てるために何度、現地を訪れたことか。

800人以上が埋葬されているチタ州「ブカチャーチャー収容所」の墓地を訪れると、目印にしていた「一本松」の枯れた株だけが残っていた。

そっと、手で土をすくうと、遺骨がのぞく。「水が飲みたかったろうな」と声をかけながら、水筒の水を注いだ。

それから幾度となく遺骨収集が行われた。亡くなった同期生83人のうち、1人の遺骨がどうしても見つかっていない。

「もう難しいでしょうね。一番年下の私が82歳。みんな弱っちゃいましたよ」。ヤゴダ会のメンバーも最盛期の300人から70人に減ってしまった。

「これからは、せめてシベリア抑留のことを若い人に伝えていくことに力を注ぎたいのです。学校ではロクに教えてくれませんからね」と厳しい表情になった。

◇

水戸歩二会・ペリリュー島慰霊会の影山幸雄（63）が、父親の遺志を継ぎ、パラオ共和国ペリリュー島での慰霊と遺骨・遺品の収集に取り組んでから約20年になる。

約1万1000人が亡くなった同島では、これまでに約7600人分の遺骨が収集された。残るのは約2500人分。

「探せばいくらでも遺骨があるのはわかっているんですよ。ただ、最近は現地の政府が、なかなか許可を出してくれません」

20年前には慰霊や遺骨収集で島を訪れる人が年間約4000人に上り、地元も彼らが落とす金で潤った。だが今や、せいぜい200～300人。一方で日本や韓国からのレジャー客が押し寄せ、「リゾート化」を目指す島からは、戦争を思いださせる行為は歓迎されない。

「遺骨を掘る行為が環境破壊とされたり、ＯＤＡ（政府開発援助）と引き換えなら……と持ちかけてくる役人もいます」

ペリリュー島からの生還者で今も健在なのは７人だけとなった。会員も２世が目立つ。いつまで遺骨収集を続けるべきか？　自問自答する日もある。

「ただね。政府には毅然とした態度を取ってほしいんですよ。日本政府はすでに多大なＯＤＡをやったではないですか。遺骨収集と交換条件にされるようなことは

遺留品を持つ影山幸雄

あってはなりません」……◯

2

遺族の中には、夫や兄の遺骨が帰るのを長い間、待ちわびながら、間に合わずに亡くなってしまった人も少なくない。

前に紹介した、シベリアから帰った父の遺骨と〝60年ぶりに〟再会した女性の母親もそ

うだった。ソ連（当時）での遺骨収集が認められたのは平成3（1991）年。あまりにも時間が掛かりすぎたのである。

妻（女性の母親）は、同僚が命がけで持ち帰った夫の認識票を、仏壇の引き出しに入れて大事に持っていたという。夫の写真は、昭和20年3月の東京大空襲で焼けてしまい、結婚式の写真ぐらいしか残っていなかったのだ。

夫は昭和16年7月に出征して以降、一度も日本に戻れなかった。当時、妻のお腹にいた娘の誕生を手紙で知らせると、たいそう喜び、名前を付けて送ってきたという。

だが、戦争が終わっても夫はいっこうに帰ってこない。シベリアに抑留されていたことは昭和23年6月に戦死公報が来て初めてわかった。死亡は21年4月。実に2年以上前に亡くなっていたことになる。夫の死を突然知らされた妻は幼い娘を抱えて、どれほど心細かったことだろう。

「東京に遺骨が届いた」と聞いて、妻は幼い娘の手をひいて疎開先から駆けつけた。ところが、白木の箱には「石」が入っていただけだった。そのとき初めて、遺骨はシベリアに残っていることとわかったのである。

当時、日ソ間には国交がない。どんなに泣き叫んでも届かない場所に遺骨はあった。

やがて、夫の最期を知る人から連絡があった。「シベリアで伐採作業をやらされて、寒さと食糧不足で衰弱し切っていた。息を引き取るとき、何か言いたそうでしたが、力尽きて、ただ口をもぐもぐさせるだけでいってしまった。本当に惜しかった。早々に遺族に知らせたかっかたが、ソ連に住所録をとられ、かなわなかったのです」

夫は最期まで家族のことを心配していたという。「口癖のように『家には妻や子供がいるから、どんなことをしても生きてかえらねば』と言い、家族のことを非常に気にしていたんだ」と。

その後、ようやくシベリアでの遺骨収集が可能になったというニュースが流れ、知人から、「お墓を見つけに行けるんですよ」と知らされた妻はすごく喜んだ。そして、認識票や夫から受けとった手紙を初めて娘に見せたという。妻はそのとき、すでに70歳を超えていた。

娘が、「白木の箱に入った石ころ」のことを聞いたのもこのときが初めてである。彼女にとって、それだけ辛い思い出だったのかもしれない。

死亡した抑留者の名簿が発表されると、母子で夢中になって捜した。名前が見つかったときは、ちょっとがっかりもしたという。「もしかしたらどこかで生きているかもしれない」という最後の希望がなくなったからである。当時、シベリアの残留日本兵のニュースがたびたび流れていた。

妻は何としても、夫の遺骨を受け取りに行きたいと願った。「いけるかしらね」と目を輝かしながら、娘と話していた。

ところが妻は心臓が弱かった。高齢での長旅は負担が大きい。結局、断腸の思いで、娘に托すしかなかった。「しっかり見てきて」と娘を送り出したのである。

最初に現地へ行ったのが平成4（1992）年。お墓の特定は難航した。

「お墓らしい場所が2カ所あったが、建物はすでになく、どちらかわからない。歯がゆい思いでした」

何度かの試掘を経て、ようやくお墓の場所がわかった。決め手となったのは埋葬した戦友の記憶だ。「東から数えて9番目に埋めた」とはっきり覚えていたのである。

だが、このときは遺骨を持ち帰ることができない。政府の遺骨収集派遣団ではなく、墓参団の資格だったからだ。娘は、現地の幹部に目をつぶってもらい、父の墓らしい場所をちょっとだけ掘ってみた。そして内緒でお墓の周りに咲いている花を持って帰った。

それから、しばらくして政府の派遣団が父の遺骨を持ち帰り、娘とのDNA鑑定の結果、「本人」とわかった。

だが、妻は「ほんの少しの差」で間に合わなかった。その2年前に亡くなっていたのである。80歳だった。

「母に抱かせてあげたかった」ずっしりと重い白木の箱を抱いた娘は涙が止まらなかった。それだけが残念でならない。亡くなる前に、娘がシベリアで撮影した父の墓のビデオ映像を、泣きながら見ていた母の姿が思い出された。

「母がどれだけ父の帰りを待ちわびていたことか。父も、母や子供にひと目会いたかったことだろう。あと2年だけ、母が長生きしてくれたら、父の遺骨を抱くことができたのに……」

父の墓に入っている石ころを遺骨と入れ換えた。母はすでに同じ墓にいる……。やっと「戦後」が終わった、と思った。

シベリアを初めて訪れたとき、「こんな寒いところで遺骨が眠っているのかな」と哀しくなったことが思い出される。

そして今も思う。

「どなたの遺骨かわからなくてもいいから、日本に持って帰りたい。ひとりでも多く……」

※

歳月とともに、関係者は高齢化し、戦友や遺族は減って行く。

「時間がない」というのはそういうことだ。

だが、今ならまだ間に合う。一日千秋の思いで、家族の帰りを待ち続けている人たちの思いに、政府は果たして真摯に向き合っているといえるだろうのか。

「思い出」にするには早すぎる。

■転機を迎えた政府の派遣団

政治家が声を上げよ

1

次に掲げる記事を見てほしい。平成20年12月24日付けで産経新聞に掲載された記事である。この時期、政府の遺骨収集事業は大きく揺れていた。

それは何度も繰り返し書いてきたように、歳月の経過によって遺族・戦友主体の政府の派遣団がはかばかしい成果をあげられなくなり、フィリピンで、NPO法人「空援隊」が民間でも遺骨収集が可能になるような「新たな制度」を構築したためである。

○……国外で戦死した旧日本兵の遺骨収集事業が大きな転機を迎えている。戦後60年余が過ぎ、戦友や遺族の高齢化、情報の減少によって事業が先細りになる中、従来通り国（厚生労働省）主体なのか、民間委託など、新たな枠組みを作るのか、岐路に立たされているからだ。本土以外の戦死者約２４０万人のうち、約１１５万人の遺骨は今も未帰還のまま、熱帯のジャングルなどに残されている。帰郷を願う英霊の声は、現代の日本人に届くだろうか。

・高いハードル

「戦死するハードルは低かったのに、祖国へ帰るハードルはなぜ、これほどまでに高いのだろう」アルピニストの野口健さん（35）は無念さを滲ませた。

今年、フィリピンで行われたＮＰＯの遺骨調査に2度参加。セブ島では、米軍の集中砲火で戦死したとみられる旧日本兵の遺骨で埋め尽くされた洞窟（どうくつ）を見つけたが、目の前にある遺骨を日本へ持ち帰ることができない。

それが認められているのは政府の収集団だけで、野口さんは、「すぐ（収集団を）連れてきますからもう少しだけ待っていてください、と手を合わせるしかなかった」

こうしたルールが定められているのは遺骨収集が政府間交渉に基づく事業であり、遺骨を売買するような怪しげな勢力を排除するためだ。厚生労働省外事室は、「国が責任をもって主体的に行う事業であることは今後も変わりがない」と話す。

・「官の枠組み」に疑問

だが、その政府派遣の収集団が、はかばかしい成果を上げているとは言い難い。厚労省によると、政府の収集団は今年度、フィリピン、ロシア、硫黄島などへ、12回派遣されたが、持ち帰った遺骨は760人分（ともに平成20年11月末現在）に過ぎない。3ケタにとどまったのは3年連続だ。

停滞の原因は、年月の経過に伴う情報の減少と、その情報を生かす態勢が十分に整っていない点にある。厚労省の姿勢は「有力な情報があれば、収集団を派遣する」という〝受動的〟なものであり、派遣先は予算、人員面から、おのずと限定される。官僚組織ゆえの制約も多く、「公式行事ばかりで収集作業に割ける時間が少ない」（派遣経験者）の不満も漏れる。

大学生ら若者を遺骨収集団に送り出してきたNPO法人「JYMA」（東京都）の赤木衛（まもる）理事長は、「いつまでも『官の仕組み』『官の時間』でいいのか」と疑問を呈した。

・空いた「風穴」

今年（20年）11月、フィリピンでの遺骨収集事業で、ほぼ現地住民の証言だけで、「フィリピン政府側の（持ち出し）ＯＫ」を取り付ける新方式が導入され、従来を大きく上まわる成果を上げた。ＮＰＯ法人「空援隊」（京都市）がフィリピン側との交渉で構築し、国が追認した形を取っている。

同隊の倉田宇山（うさん）理事は、「国の関与を排除するものではないが、今回の最も大きなポイントは、我々民間でも、フィリピン政府の〝お墨付き〟を貰えば遺骨を持ち帰れる道が開けたことだ」という。

関係者の間では、こうした民間主導のほか、米軍のような戦死者の遺骨を捜索する専門家チームや省庁の枠組みを超えた新たな組織の創設を求める声も上がっている。いずれにせよ現行方式では限界が見えている。

野口さんは、「国のために亡くなった方を国の責任で帰す。それをやらねば今後、国のために命をかける人はいなくなる。今政治家こそが声をあげるべきではないか」と話している……◯

2

すでに述べたことだが、昭和27年度にスタートした政府の遺骨収集事業は50年度をピークに収集柱数が減り始め、ここ数年は1000以下と停滞していた。

平成17年には、当時の厚労相が遺骨収集事業について、数年後の幕引きを示唆する発言を行っている。この時点で政府は、遺骨収集事業はひと区切りにして、その後は戦没者の遺族が参加する慰霊巡拝事業や慰霊碑建立事業にシフトする考えだったに違いない。

だが、そこに空援隊のような目を見張るような実績をあげる民間団体が出てきたことによって、状況は大きく変わった。というよりも変わらざるを得なかったのである。

厚労省は、「遺骨収集事業は国が責任を持って行う事業」というスタンスは譲らなかったものの、18年度からは3カ年の計画で、フィリピンやソロモン諸島、東部ニューギニアの地域において、民間団体に「遺骨調査」を委託する事業を始めた。だが、こうした対応はどうしても〝付け焼き刃〟の印象が拭えない。

そして、20年秋になって、空援隊が独自に、民間でも遺骨収集に参画できるような制度をつくったことにより、厚労省もようやく、「一定のルール」の下で、民間の参入を認めた。画期的な転換と言ってもいい。

遺骨収集事業を担当する厚労省の及川桂審議官はこれを、「役割分担」と表現した。そして、遺骨収集にかかわる21年度の予算は増額され、遺骨調査にかける日数も増えた。まだまだ十分とは言えないが、少なくとも「幕引き」を行う状況では無くなったのは間違いない。

空援隊は、新たな制度の下で、ますます収集のスピードを上げている。今年5月の派遣では、一挙に1200人分を超える遺骨を収集した。3月の記者会見で掲げた「来年（平成22）度、2500人分」の収集目標は、もはや今年中に達成できる見通しだ。

まだ、焼骨式にのみ厚労省が参加するという〝曖昧な官民協力〟は続いているものの、実質的には空援隊だけで、遺骨収集を行っていると言えるだろう。今後、他の地域でも空援隊のような意欲ある民間団体が出てくるかもしれない。

空援隊は今後、遺骨収集にかかわる基金を創設し、5カ年計画でフィリピン全土に仮安置所を設け、一気に遺骨収集を進める計画だ。基金の目標額は12億円。簡単に集まる額ではない。まさに、国民運動になってこそ、初めて可能性が見えてくる目標額である。

遺骨収集事業がストップする、という「最悪の危機」は避けられた。ただし、国民運動にするという盛り上がりは、まだ見られないのも事実だ。

また、厚労省だけが遺骨収集事業を担うのではなく、内閣府に各省横断の組織を作るアイデアや防衛省・自衛隊の参画を求める声もあるが、残念ながら、実現の可能性は低い。アメリカの「ＣＩＬ」のような専門家チームの創設も現時点では難しいだろう。

野口は、「政治家が声を上げるべきだ」と訴えた。

3月に、野口らが初めて遺骨を持ち帰ったときの記者会見では、超党派の多くの国会議員、厚労省幹部、そして空援隊（民間）が同じ場所に顔を揃えた。

このとき、「国会議員は何をやるのか？」と問われ、厚労省の戸井田とおる政務官（衆院議員）はこう力を込めた。

「こうやって国会議員が並ぶと、世論も喚起される。そうすれば、たとえ財務省が反対しても、（遺骨収集事業に）予算をつけるよう、われわれもしっかりと動ける。それが国会議員の仕事だ」と。

パラオでの発掘作業

社民党の阿部知子衆院議員も、「民間が現地にいっても持ち帰れないジレンマは私も経験した。インドネシアのビアーク島に行って、断崖絶壁にいくつもの頭蓋骨を見つけた。『どうすればいいのか』と呆然としたことを覚えている。（これまでのやり方では）情報が少なくて遺骨は帰りたくとも帰れない。政府ができることと、ＮＰＯと連携してできることは違う。これから新しい遺骨収集のあり方がうまれる」と期待を滲ませた。

北朝鮮による日本人拉致事件も、最初はほとんどの政治家やメディアは、相手にしなかった。「でっち上げ」という北朝鮮の言い分を鵜呑みにし、多くの政治家が「そんなことはありえない」と断言していたのである。

それが現在では、大きな国民運動となり、内閣府に担当の組織が設けられた。これも、国民が「怒り」の声を上げたからこそ、できたのである。

一部の政治家や外務省の中には、さっさと拉致問題は幕引きにして、日朝国交正常化交渉に入った方がいい、と考えている人がいるらしい。

だが、それができないのは「世論」が許さないからだ。「拉致問題を曖昧にしての国交正常化なんてとんでもない」と国民は怒っているのである。

遺骨収集問題もまったく同じではないか。国民が「声」を上げれば、政府も政治家も動かざるを得ない。

「日本人への問いかけである」という野口の言葉は重い。確かに、「フォローの風」は吹いてきた。だが、今後、本当の意味で、国民運動にするには、国民一人ひとりが、この問題に関心を持つこと以外にはない。

今の平和と繁栄を築いた先輩に対する責任果たす

国の責任で遺骨を収集する

平成21年4月20日、参院決算委員会で自民党の衛藤晟一（せいいち）氏が、遺骨収集問題を取り上げた。政府（厚労省）は現在の事業を見直し、今後、「空援隊」など民間のNPO法人と連携を強化してゆく方針を明言した。舛添厚労相は「国の責任として遺骨を収集する。今後ともその方針が揺らぐことはない。1日も早く、1人分でも多く遺骨を収集していきたい」と力を込めた。委員会での主なやりとりを紹介する。

――自民党・衛藤晟一議員

「私どもがこうした自由と繁栄を享受できますのも、我が国の独立と自由のために尊い命をささげられた先人の皆様のおかげだというように思っています。ですから、国のために殉じられた戦没者に対して心からなる追悼と感謝の思いをささげるべきだと思いますが、残念ながら戦後60年以上たった今日になっても戦没者の問題について未解決のまま残されている課題がございますので、この戦没者の問題に絞って本日は質問をさせていただきたいと思います」

「まず最初に、海外の戦没者の遺骨収集についてであります。先日、富士山の清掃登山などをしているアルピニストの野口健さんから、ちょっとびっくりするお話をお伺いしました。さきの大戦において海外で亡くなった方は２４０万人に上るということでございます。その約半数の御遺骨が戦後64年たった今日でもまだこの日本に帰ってきていないというのだそうです。私も、日本青年遺骨収集団、現在のＪＹＭＡに若干関係しておりますので、海外の遺骨を収集するためには、言葉の障壁やあるいは遺骨に対する文化、慣習の違い、国民感情、そして現地の過酷な気候など、多くの困難を乗り越えなければならないということを多少は知っているつもりであります。ですから、厚生労働省が外務省の協力も得ながら、とりわけ日本遺族会や戦友会の皆さんとともに関係政府を粘り強く説得しながら、一柱一柱懸命に遺骨を収集されてこられたことに対し心から敬意を表する次第でもあります」

「と同時に、野口さんからもお話をお伺いして、これまでのように厚生労働省の担当部局の奮闘に任せたままでいいのかと。これまで遺骨収集を担ってこられた戦友会や遺族会の皆さん方も大変高齢化してきておりますし、この際、これまでの遺骨収集の在り方を踏まえ、より一層遺骨収集体制を強化すべきではないかという具合に思っております」

「そこで、質問を申し上げたいと思います。遺骨収集を進めるためにどうしたらいいのか。まず、海外での戦没者遺骨収集はいつごろから始まって、これまでの実績はどうなっているのか、始めた当初からの担当部署と、それから遺骨収集数等の概要を説明していただきたいと思います」

◆及川桂・厚労省官房審議官

「海外での戦没者の御遺骨の収集についての経緯でございますが、昭和27年に当時の厚生省の外局でありました引揚援護庁によって始められて、その後、組織としましては、担当する部署の名称が厚生省の引揚援護局、援護局と名称が変更されましたけれども、現在の社会・援護局において実施しているという経緯でございます。また、これまでの実績でございますが、国におきまして、海外戦没者約240万人のうち、これまでに約31万柱の御遺骨を収集して本邦に送還しているわけでございます。このほかに、陸海軍の部隊ですとか一般の邦人の方々が引揚げに際して本邦に送還したものを含めますと、約125万柱の御遺骨が本邦に送還されていると、そういう現状でございます」

――衛藤議員

「そうすると、単純計算いたしますと、240万引く125万となるわけでありますから、残り115万柱ということになるわけですが、海外で収集可能な御遺骨はあと何柱ほど残っているという具合に把握しているんでしょうか」

◆及川審議官

「海外で収集可能な御遺骨についてのお尋ねでございますが、未送還の御遺骨約115万柱のうち、内訳を若干御説明させていただきますと、約30万柱の御遺骨につきましては、艦艇あるいは飛行機ごと海に沈んでいるということで、海で亡くなられて眠られている御遺骨、海没遺骨ということでございます。また、そのほかに約26万柱につきましては、中国ですとかあるいは北朝鮮など、相手国との関係、相手国の事情によりまして御遺骨の収集が困難な事情にあるという状況でございます。こういったことから、現状におきまして、当面の遺骨収集の対象として鋭意取り組んでいくべき対象となる御遺骨の最大数は約59万柱というように見込んでいるところでございます」

——衛藤議員

「遺骨収集の年度別実績を見ますと、最近は平成17年、18年は年6000柱ほど、20年は2000柱くらいというようになっていますね。そうなりますと、あくまでも単純計算ですが、収集可能と思われる御遺骨59万柱すべてを日本に帰還させるためには、年6000柱なら約1000年、年2000柱なら約300年掛かるという計算になります。海外での遺骨収集に多くの困難があることは十分に理解をしておりますけれども、やはりこれでは、海外の御遺骨をすべて収集するつもりなのかと、本当に収集するつもりなのかと批判されても仕方がないんではないかという具合に思います」

「海外の実績を調べても、例えばアメリカは、国のために命を懸けて戦った戦没者に対して国を挙げて懸命に遺骨収集をされているそうであります。アルピニストの野口さんもおっしゃっていましたけれども、国のために亡くなった人に対してちゃんとフォローしなければならないというように思います。さきの大戦におきましてアメリカは、激戦地のひとつでありました硫黄島、この硫黄島で戦死した約5000名のアメリカ兵のうち、ただ1人だけ遺骨を収集できないということで、アメリカ政府は1昨年6月、その1人のためだけに調査隊を派遣してきたそうです。キープ・ザ・プロミス、戦没者との約束は絶対に守るというのがアメリカ政府の断固たる姿勢だそうでありまして、その姿勢が伝わってくるような気がします。そこでお伺いしたいのですが、そもそも遺骨収集に対して政府はどのような方針で臨んできたのか、大臣にお伺いします」

フィリピン・セブ島で

◆舛添要一・厚労相

「これは、昭和27年以降、国の責任として遺骨を収集すると、これを一貫してやってきております。今後ともその方針が揺らぐことはございません。1日も早く、1柱でも多く遺骨を収集してまいりたいと思っております」

――衛藤議員

「遺骨収集は国の責任だという具合に大臣から答弁をいただきました。全くそのとおりであります。国のため亡くなった戦没者の御遺骨を日本に帰還させるのは、まさに国の責務だと思います。しかし、実際は収集可能な御遺骨だけでも59万柱が異国の地で我々が来るのを待っているわけです。現在のペースなら最低でも300年、長ければ1000年掛かるわけです。これは、戦後懸命に遺骨収集に協力してくださった遺族会や戦友会の皆様に申し訳ないという気がします。何よりも、国のために亡くなった戦没者の皆さんの御遺骨を異国の地で放置することになるわけですから、許されることではないというふうに思います。これは国としての責任です。ですから、現状のペースで進めることは無責任のそしりを免れないと思うのでありますが、厚生労働省としてはどのような新たな対策を取る計画なのか、お尋ねいたします」

◆及川審議官

「遺骨収集につきましての今後の方針についてのお尋ねでございますが、現状認識といたしまして、現在なお広範な地域に多くの御遺骨が存在しているという状況でございますが、戦後64年が経過するという状況の中で情報収集等の面で課題があるというように認識しております。こういった状況の中で国として今後の遺骨収集を進めていくに当たりましては、まず第一に、民間団体などの方々と協力しまして幅広い情報収集を行うなど、多くの方々の力を結集して取り組んで成果をあげることができるような仕組みをつくっていくということが重要であるというように考えております。このため国としまして取り組んできているわけでございますが、民間団体の方々とも更によく話合いを行って、より良い協力ができるように努力してまいりたいというように考えております」

「同時にまた、遺骨収集、海外において実施するわけでございます。この取り組みを円滑に進めていきます上におきましては、関係する国の政府はもとより、現地の方々の理解と協力を得ながら実施していくということが不可欠でございます。したがいまして、国として相手国政府との協議など、国の責任において実施しなければならない環境整備につきまして、外務省とも連携して特にしっかりと対応してまいりたいというように考えておりまして、こういった取り組みを通じまして残された御遺骨を我が国に送還するために可能な手だてを尽くしてまいりたいと考えております」

――衛藤議員

「年度別の遺骨収集実績によれば、平成19年は収集数は760柱だったわけでありますが、20年には2038柱という具合に3倍増となっているわけであります。このうち1060柱は、フィリピンで情報収集活動をしていた野口健さんたちのNPO、空援隊の情報のおかげだという具合に聞いています。それだけ実績を出している野口さんたちによれば、遺骨収集にとって一番重要なのは、当時の日本兵の行動を知っている現地の方々との連携だそうです。特にフィリピンの場合、戦争末期にはフィリピンのゲリラと日本軍との戦いだったそうで、どこでどのぐらいの日本兵が戦い、玉砕したのか、現地の方々から聞くのが一番確かだというように思います。しかし、戦後もう64年がたちました。当時のことを知っておられる現地の方々もどんどんお亡くなりになっておられます。あと5年が勝負だと思いますので、現地事務所を置くなど現地情報提供者対策を重視する方針を確立すべきだと思いますが、どうでしょうか」

◆及川審議官

「私たちも野口さんの空援隊といった団体とよく最近、話合いを深めて連携を深めているわけでございます。そういった中で、御指摘のとおり、遺骨の収集に当たって現地の情報が大変重要であるという認識を持っております。そういった中で、具体的な取り組みとしましては、私ども、平成18年度から、当初は3年間の計画ということでしたけれども、民間団体の協力を得て、フィリピン、東部ニューギニア、ビスマーク・ソロモン諸島といった地域において海外未送還遺骨の情報収集を集中的、重点的に実施してきたところでございます。これまで3年間の事業の実施状況について分析しまして、改めて現地での調査体制の強化が必要であるというふうに考えておりまして、遺骨収集の促進につながる有用な情報を数多く得るための見直しを今回図ったところでございます」

「見直しの内容といたしましては、今、衛藤先生からも御指摘ございましたけれども、現地情報を重視するという観点から、現地の邦人や住民の方々の中からコンタクトパーソンとなる方を調査員として一定期間雇い上げて恒常的に情報収集に当たらせるといった取り組み、あるいは情報収集チームの派遣期間を長期間として、現地調査員と有効な連携を図るといったことができるような見直しを行って現地調査の強化に取り組んでいくことにしているところでございます。また、もちろん政府といたしましても、在外公館を通じて得た現地情報の把握、あるいは必要な際に政府が直接行う現地調査といったことも含めて情報の収集ということに特に重点を入れて取り組んでいきたいと考えております」

——**衛藤議員**

「国の責任でということでございます。しかし、民間の方々もそれだけ努力をしておりますけれども、今は国の方もいろんな形で配慮を情報を集めるためにされているということは認めるわけでありますけれども、さらに、民間の方々がこれだけ努力していることに対してやっぱり応分の負担というか、国の責任において本来やることを肩代わりしてやっていただいているという観点から、国費についての支援をもっと私はやらなければいけないという具合に思います。でなければやっぱり進まないという具合に思っておりますので、これについて是非大臣に配慮をしていただきたいというように心からお願いを申し上げる次第でございます」

「お話をお聞きいたしておりましても、やっぱり戦後間もなくのころというか、占領後、27年からですから、日本が主権を回復して後というのは、遺族会の方々にお聞きしますと、大変な逆風の中というか、戦争のために亡くなった遺族だという形じゃなくて、悪いことをした人の子孫でしょうというような形でもって見られて非常に苦労されてきたということでございます」

「また、今は大変な時間がたってしまいました。だから、それだけにやっぱり国の責任においてやるんだという決意をもっと明らかにしていただいて、そして費用の方ももっとちゃんと負担していただくということが必要ではないかと思うんですね。民間、民間ということで、実はほとんど民間のボランティアの上にまだ全部お願いしているというのが実情でございますので、そこのところの配慮を是非よろしくお願いしたいというように思うわけであります。ですから、国の責任で収集するという以上は、その辺の体制と予算を更にちゃんと見ていただきたいという具合に思う次第でございます」

「アメリカ等は、やっぱり海外の現地事務所等もちゃんと出しています。戦争捕虜行方不明者捜索統合司令部という専門の司令部をつくり、タイのバンコクやラオスのビエンチャン、ベトナムのハノイとかそういうところに現地の事務所を開設しているんだそうでございます。そしてまた、法医学の専門家も集めて身元確認研究所というものも設立をして徹底的な鑑定をやっているということでございます。アメリカはそういうことでは当然お金も掛かっているわけでありまして、アメリカの現在の予算は約、年間で50億円、そして400人以上の専門チームを抱えているそうであります。日本では、担当部署の予算は幾らぐらいで、担当人員は何人ぐらいなのか、ひとつ、簡単でありますけれども、数字だけでも明らかにしていただきたいと思います」

◆及川審議官

「平成21年度におきます遺骨収集関係の予算でございますが、これはDNA鑑定に要する費用ですとかを除きました遺骨収集に直接要する経費ということで3億2100万円ということでございますが、これは前年予算に比べて約8000万円ほど増額を認めていただいたという状況でございます。また、所管する援護担当部局の職員数につきましては、非常勤の職員を含めて１５１人でございまして、このうち遺骨収集を直接所管しております外事室という組織の職員は29名でありますが、遺骨収集のための海外派遣に当たりましては援護担当部局全体の職員が対応するという体制でやっているところでございます」

――衛藤議員

「もちろんアメリカと日本では戦後の歩みも違いますし、単純に比較することはできませんけれども、予算でいえばアメリカは日本の16倍、それからスタッフの数も、外事室の29人ということで考えれば15倍ということになります。もちろん予算の額やスタッフの数ではないという意見もあるかもしれませんけれども、予算やスタッフが増枠されればやっぱり遺骨収集が進むことは間違いありません。現に、昭和47年当時、予算が１３００万円で９０００柱収集していたんですが、50年に予算4億７３００万円と増額したところ、収集数も３万６２４０柱へと4倍に増えています。ですから、やっぱり国の責任で遺骨収集を強力に進めていくためには、現状の体制にプラスして、現地事務所を開設したり、専門の遺骨、遺品鑑定機関を設置する必要があったり、どうしてもそういうような予算面の増加と、それからスタッフの増員が必要になってくるという具合に思います。最後に、大臣の決意のほどをお聞かせいただきたいと思います」

◆舛添厚労相

「先般も、先ほども申し上げましたように、国の責任においてこれは遺骨を収集するということで、私も遺骨収集なさっているＮＰＯの方々にもお会いしました。大変頑張っていただいていて、彼らの参画によって一気に数が増えておりますので、この支援もやりたいというふうに思っています。やはりこういうことをきちんとやるということが国家としての責務であろうというふうに思いますし、委員が冒頭におっしゃったように、今の平和と繁栄を築いた私たちの先輩に対する、そして、まだ外地で眠られている方々に対する責任であろうと思っております」

フィリピンの海岸近くで見つかった遺骨

――衛藤議員

「是非、大臣のお言葉のとおりだと私も思いますので、そのような基本方針に沿って体制を整備していただきますよう、重ねてお願いを申し上げます」

第三章　願い

父よ、夫よ、兄よ……

遺族は「決して忘れない」

1

野口健を取り上げた産経新聞の「話の肖像画・あきらめるのはまだ早い」（平成20年6月2日―6日掲載）や、戦没者遺骨収集の現状と課題を追った連載企画「あなたを忘れない」（2月3日～13日）には、記事が掲載された直後から大きな反響があった。

「記事を読んで涙が止まりませんでした」父親を戦争で亡くした遺族の方からの便り、野口らにあてて、「活動の足しにしてほしい」と現金を添えて送られてきた手紙も相次いだ。これほど読者から反応がある記事は滅多にない。

手紙を送ってくださった方たちは、愛する夫や父親、兄を戦争で亡くしている。自分たちは年々、年老いていくのに、いまだに遺骨は帰らない……。

何よりも辛いのは、国が、社会が、多くの国民が、この問題に無関心なことだ。

戦没者のことなど、「もはや、この国の人たちからは、忘れ去られようとしているのではないか……」焦燥感が募るが、一市民の力ではどうしようもない。

そんなとき、記事を読んで野口ら若い世代がこの問題に懸命に取り組んでいることを知ったのであろう。

「こんな若い人が一生懸命やってくれていることを知り、思わず筆を取りました」と手紙にはしたためてあった。

無記名の便りに、「現金」が添えられていることもあった。おそらくは、年金などをやりくりして送ってくださったのかと、思うと胸が熱くなった。

遺族は決して「忘れていない」のだ。

遠い異国の地のジャングルや洞穴に残されたままになっている〝大切な人〟。いつか、自分のところへ帰ってくる日を信じて待ち続けているのである。そんな想いが文面に溢れ出していた。

遺族ではない一般の読者から、国の政策への怒りや、この問題を知らずにいたことを悔やむ手紙もあった。

「しっかり国がやってくれていると思っていたのに」「戦後60年あまり、いまだに115万人もが帰れないなんて」と。

野口がこの問題を「日本人全体への問いかけである」と話したことはすでに書いた。

編集局に届いた手紙の束を見て、その〝問いかけ〟は間違いなく、「多くの日本人に届いている」、「心に響いている」ことを確信した。

戦没者や遺骨収集のことを取り上げると〝軍国主義〟だとか〝右寄りだ〟などと、見当違いの非難を浴びせてくる勢力が、いまでもいる。野口がこの問題で積極的に動き始めたときもそんな批判がいくつか寄せられたという。

間違ってもらっては困る。遺骨収集の問題に「右」も「左」もない。もちろん、軍国主義などまるで関係がない。日本人としての『心』の問題なのだ。

大切な家族のため、祖国のために命を投げ打った人たちがいまだに故郷へ帰れずにいる。そして、60年間、その帰りを待ちわびている家族がいる……。

届いた多くの便りこそが、その「証拠」ではないか。

2

最初に届いた手紙には、名前が書かれていなかった。

「〝名無しの個人スポンサー〟になりたい」と、野口を取りあげた「話の肖像画・あきらめるのはまだ早い」（平成20年6月2日―6日掲載）の掲載直後に、東京都世田谷区の消印で、現金が入った手紙が産経新聞社編集局へ届いたのだ。

差出人の名前には『卒寿の一都民』とあるだけ。野口に対して、「これからも日本のため、平和のため、声をあげてください」と書いてあった。

現金が入った手紙ごと、野口に送ると、「こんなうれしい反響はない」と感激してくれた。手紙には、「これからも少しずつですが、支援を続けて行きたい」と書いてあったが、送って下さった方の住所も名前もわからない。そこで、仕方なく野口事務所の口座を新聞に掲載したのである。

※

それから半年以上が過ぎた今年（21年）2月末、おそらく同じ差出人の方から、再び「現金」同封の便りが届いた。


「前略　昨年の初夏のころでしたと思います。野口氏への寄金の番号を聞きましたが、それには本名を書かねばならないと思い、それに家族に知られるのも嫌で、つい怠けてしまいました。今回また（お金の）転送をお願いします」

「遺骨収集について知りたいのです。（遺骨は）現地でどんな扱いを受けていたのでしょうか。もし、そのまま打ち捨てられていたのなら……。でももし、現地の村人たちから一種の聖域のように丁寧に扱われていたのでしたら（多分、インドネシアのどこかでそんな話を聞いたことがあります）、彼らはどのような気持ちでそうしているのか、を伝えていただきたいのです」

「私も普通の年金生活者ですが、折に触れてすぐれたお仕事をなさって下さる方々に、ほんの気持ちだけのものを、お役に立てていただくのを喜びとしております」

※

おそらく、2月に連載した「あなたを忘れない」の連載を読み、再び、手紙を送ってくださったのだろう。手紙には、前回よりも多いお金が入っていた。

◆

横浜市の半澤ヒデ子さん（86）の夫は、マリアナ沖海戦で戦死した。海軍の飛行兵だったという。遺骨は戻っていない。

※

「野口健様　前略ごめん下さいませ　マリアナ沖海戦の空戦で戦死した海軍飛行兵の遺族です。今朝二月三日の御紙紙上の『あなたを忘れない』を読み、僅少ですが、お役に立てて頂きたくて同封致しました」

「フィリピンでは嫂（あによめ）の弟も戦死しております。帰国できない遺骨の嘆き、またその遺骨も求められない遺族の深い悲しみも味わっております。この時期に遺骨を収集していただけること、またその意欲に感動し、感謝しています。長くて困難な道のりでございましょうが、一体でも多く、収集していただけますよう御願いします。突然のことで申し訳ございません」

◆

大阪府豊中市の猪塚（いづか）清子さん（83）は兄をフィリピン・レイテの戦いで亡くしている。兄は勤務していた満鉄から教育収集されて南方へ渡り、戦死した。心優しい兄だった。遺骨は帰らず、両親は最期まで、息子が戦死した地を訪れることを願っていたという。

※

「どれほど帰りたかっただろう」
（フィリピン・セブ島）

「二月十三日付けの『あなたを忘れない』あらゆる地で戦死した方の遺骨が日本に帰りたい、靖国神社に帰りたいと願っていることでしょう。今の日本の平和は、多くの戦者のお陰です。私も兄の事を、生きている限り忘れません」
「今日、若い方、（ジャーナリストの）笹幸恵さんが一生懸命やってくださる事、本当に嬉しく、御礼が言いたいです。国を治める議員は、ぜひ一度、国のために亡くなった人たちが戦死した場所を巡り、心から手を合わせるべきでしょう。現地を見ればわかるはずです。ぜひ声を上げてください。御願いします」

※

猪塚さんは、昭和54年11月に、両親に代わって、レイテ島を慰霊巡拝に訪れている。兄は1万5000人が立てこもり、1人も生還できなかったカンギポット山で亡くなっていた。

※

「兄は『カンギポットで戦死した』という通知しか、来ませんでした。（生前）父は『出征前にせめて一度、会いたかった』『戦死地に行きたい』とばかり言って亡くなりました。その言葉が気になり、いつか私が叶えてあげたい、と思い、（国が行う）フィリピン慰霊巡拝事業に申し込み、参加することができました」

「兄が戦死したカンギポットへ行く途中、二度、車がパンクして、『ああこの場所で兄は亡くなったのかな』と思い、兄がよく吟じていた『山川草木』を声高く吟じました。それが兄に通じたのか、三度目のパンクはなく、無事、カンギポットに着きました。もう二度とお参りに来ることはできないだろう、と思い、父母がお参りを望んでいたことも告げました。そしてその地の小石を持ち帰り、お墓に収めました」

「レイテの奥地の向かいが深い谷の場所に追い詰められて……。ここで一部隊が全員死亡しました。でも、『遺骨収集はできない』と教えられました。それを聞いて、一時（ショックで）立てなくなった方が般若心経を大声で唱えながら、『戦死者の皆さん、日本へ帰りましょう』と声を掛けていたのが忘れられません」

3

◆

レイテ島で戦死した弟（当時24歳）のことをずっと気にかけていた父。平成18年に87歳で亡くなった父の荷物から、弟の写真や資料が出てきた。

「叔父さん（父の弟）のことをずっと想っていた父の代わりにレイテへ行きたい……」横浜市の中村紀子さん（65）からはそんな思いを込めた手紙（ジャーナリストの笹幸恵さん宛て）が届いた。

※

「私は2月で65歳になった主婦です。平成18年2月に私の父が87歳で永眠いたしました。父は満州からシベリアへ抑留され（3年間）ましたが、自分のことはあまり語らず、レイテで昭和20年7月に戦死した弟（叔父）のことを調べていたようです。父の死後、母から『こんな物が出てきた』と見せられたのが、レイテの戦友会に参加したときの地図やメモでした。遺骨は戻らず、父の実家には21年に石ころが入った箱だけが届いた、母は言います」

「父は60歳になってから、糖尿病や高血圧、軽い脳梗塞を患い、弟のことも調べられなくなり、靖国神社に行くこともできなくなりました。遺骨収集のことを書かれた野口健さんの本を読み、父のことを思い出して、涙が出てきました。その本で『空援隊』のことを知り、（フィリピンへ行くことを）家族に相談していたのです」

「そして、今年の2月、私の誕生日のときに主人と主人の姉と芦原温泉へ行ったとき、温泉宿で産経新聞の『あなたを忘れない』の記事を見ました。少しでも若いうちに、父の代わりにレイテへ行きたい。そんな思いでいます」

※

中村さんはもちろん、叔父さん（父の弟）には会ったことがない。だが、昔の戸籍を取り寄せたとき、自分の名前と叔父さんの名前が同じ戸籍に書いてあるのを見て、「何としても父の思いを引き継ぎたい」と願ったという。

父もシベリアに抑留され、大層辛い経験をしたに違いない。しかし、中村さんら家族には、自分のことも、弟のことも、多くを語ろうとしなかった。あまりに辛いことで、話す身体のもしのびなかったのだろう。

だが、弟のことをどれほど熱心に調べていたかは、残された荷物を見てわかった。身体が元気なら、父はきっと、レイテ島へ行きたかったに違いないのだ。

中村さんは、笹さんや空援隊と連絡を取り、戦友会を訪ね、靖国神社にも行った。そして、近いうちに必ずやレイテ島を訪ねるつもりでいる。

「私も65歳。腰やひざも悪い。でも身体を治して、絶対にレイテへ行きたい」

野口や笹などの若い世代が遺骨収集の問題に熱心に取り組んでいることが、中村さんの「背中を押した」と言ってもいい。

「本当に心強いことですよ。こんな若い人たちが頑張ってくれているなんて、感激です」

レイテへ行ったら叔父さんにこう声をかけるつもりだ。

「ずっと会いたかったよ。叔父さん、ありがとう」って。

◆

同じように、笹の活動に「感銘を受けた」というのは千葉県船橋市の女性からの便りだった。

※

「『あなたを忘れない』の遺骨収集の記事に感銘を受け、ジャーナリストの笹幸恵さんの活動に、少しでも協力したいと思いました。今回の定額給付金を寄付し、少しでも役立ててほしい」としたためてあった。

◆

4

東京都世田谷区の本間尚代(たかよ)さん(72)も、父をフィリピン・ルソン島で亡くしている。連載に登場した間島リユさん(67)の記事を見て、「私と同じ境遇。ぜひ一度、お話しをしてみたい」と、産経新聞に便りが届いた。

※

「前略御免下さい　『あなたを忘れない』紙上で、間島リユさんのことを知りました。私の父はルソン島で戦死、昭和54年からフィリピン・インフォメーション・センター比島戦跡訪問のツアーで毎年、ルソン島の戦跡巡拝をし、レイテ島も3回巡拝して、ビリヤバにも行っております。『レイテ島に行く日本人向けツアーなどめったにない』と書かれていたのが気に掛かり、お知らせしたかったのです……」

※

本間さんの父親が出征したのは昭和19年5月、最後の別れとなったのは、本間さんの疎開先で会った3月だった。

「(お父さんは)どこに居ても、尚代のことを見守っているよ。靖国神社に会いに来なさい」。父の最後の言葉をいまでもよく覚えている。小学校2年生、8歳だった。

4人兄弟の長女。父親っ子だった本間さんは、思い出がいっぱいある。

「3歳のときに、父に肩車されて、紀元2600年の提灯行列に参加したことは、よく覚えています」

だが、大好きな父は戦争が終わっても帰ってこなかった。遺骨は戻っていない。戦死公報に書かれていた場所や日時も、後にまったく違うことがわかった。

戦後になって、本間さんは、父と同じ部隊にいた戦友たちを訪ね歩いた。そして、最期の様子を、本当に亡くなった場所や、日時も知ることができた。父は、終戦の

朽ち果てた手りゅう弾と

約1カ月前、昭和20年7月20日、北部ルソンで亡くなっていたのである。「その地」を訪問し始めたのは昭和54年からだ。以来、毎年、慰霊巡拝のために訪れている。母も3度一緒に行った。

そこに慰霊塔などは一切ない。現地の人たちの心情や後の時代を考えると、「心の中に供養塔があればいい」と思うからだ。

本間さんは、戦後60年あまりが過ぎたいま、戦没者の遺骨を帰そという野口らの活動について、「本当に感謝している」という。だが、個人的にはもう遺骨を帰そうとも思わない。「50年が過ぎれば、〝土に還る〟というではありませんか。そっとしておいてあげたい」と。

今年の夏、いま一度、父に会いに行く。

国は何をしていたのか

帰りを待ちわびて…

1

産経新聞に届いた便りの中には、この問題に対する国の無策、消極的な姿勢を怒り、嘆くものが少なくなかった。

◆

横浜市の岸勇さん（73）からは、遺骨収集問題が置かれた現状や日本の現代社会の風潮を残念がる手紙を、2度にわたって頂いた。

※

「遺骨収集特集を報道していただき、産経新聞読者として誠に嬉しく思います。大東亜戦争で死傷した将兵の『無念』を思うとき、いまだ115万余の未帰還の遺骨があることを思うと、まことに慚愧に堪えません」

「『あなたを忘れない・戦没者遺骨収集のいま』の特集は終わりましたが、また、角度を変えて報道を続けていただきたい。油断のならない国々に囲まれている日本を思うとき、ますます産経新聞の主張は重要です。今後の活躍を期待します」

※

「正面切って遺骨収集を……と言えば、(国や政治家は)積極的には反対などできないはずです。ではなぜ、日本だけが兵士の遺骨収集が進まないのか？　先の大戦であれだけ勇猛果敢な戦いをした兵士たちを手厚く、帰還させてあげないのか？　おかしいと思うのが当然ではないか。日本兵の戦い方は、日本人として実に立派であり、いまの我々が見習うべきことが沢山あるのに……」

「その原因は何か？　1、先祖を敬う心が薄くなった　2、金欲に溺れている　3、政治不信からの愛国心の欠如(外務省以下の各省)以上の3点をつきつめれば、(現代の日本人には)感謝・自覚・生きる意欲が不足しているということにならないか」

「何か最近、先祖に叱られているような気がしてならない。私には戦死者や戦犯とされた人が身内や親類にはいないが、日本人が国のために命をかけるのは、オリンピック選手でなくても当然だと思う。遠く外国で水も飲まずに苦しい中で戦い、命を亡くした兵士たちの遺骨をもっと真剣に収集すべきではないか」

「米国限らずドイツやイギリス、フランス、オランダ等、外国の遺骨収集状況も報告してほしい。『あなたを忘れない』の特集に、関心が高かったということは、まだまだ日本人も捨てたものではない、と嬉しく思いました」

◆

大阪の消印で届いた無記名の手紙には『貧者の一灯』と記された封筒に、お金が添えてあった。文面から想像すると、送り主は女性かもしれない。

※

「『戦没者遺骨収集のいま』、アルピニストの野口健さんが、遺骨収集問題に取り組まれておられるのを読んで、戦中、戦後と生きてきた私には嬉しく思いました。敗戦後、ずっと心に思っていたことだからです。レイテ島玉砕などと聞く度に、胸が痛み、ジャングルの洞穴で国の為に戦って亡くなった方々やその家族の心境を思うと……。空の遺骨箱が届いたということも聞きました。当時、銃後にいたわれわれもようやく立ち直った1950年ごろ、この作業はきっと、国がしてくれていると思っていましたが……」

「今は豊かになりましたが、己の遊ぶための金を、人殺しまでして奪うような世の中です。

いやはや何とも言えません」

「国のために戦死されて、いまだ帰らぬ遺骨。身元はわからずとも、1人でも多く収集をしていただきたい。地域ごとに名をあげ、靖国神社にお祀りして、折あらば、お参りするのが本当の日本人ではありませんか。今日、私たちがあるのも、その方たちのお陰なのであうから」

「私も敗戦で無一文となりました。でもこれまで、清く正しく生きてきたつもりです。今日生きていることに感謝しています。老齢年金も少なく、身体もよたよたで、大したことはできませんが、(同封したお金は)少しでも役立ててください。はなはだ些少で申し訳ございません」

フィリピン・セブ島の発掘現場で

※

同封されていたお金は決して「些少」ではなかった。気持ちが心にしみるようだった。手紙はなお続く。

※

「余計なことですが、隣近所の回覧板につけて、いくらかずつでも集めていただければ、日本中で大きな金額となると思います。私の親類で戦死した者はおりませんが、当時は同じ時代を生きている日本人として当然のこととして、よく、靖国神社にお参りしたものです」
「遠い他国に遺骨が晒されている人たちのことを思えば……」

2

◆

日本人の遺骨が残されているのはフィリピンばかりではない。戦後、旧満州の大連から引き揚げてきた千葉県船橋市の山本善太さん（77）からの便りである。

※

「連載で戦争の遺骨収集の記事がありました。私が気になっていたのは、戦後の引き揚げで外地に残された邦人の遺骨のことです。特に私が昭和7年に生まれて引き揚げるまでの生活の地であった大連。中心地に近い山の麓の静かな場所に、とても立派な忠霊塔が建っていて、父母に連れられ、大連神社と一緒によくお参りしたものです」

「気になりますのは、戦後、満州の奥地から命からがら大連にたどり着いた人たち。中でも餓死や病気で亡くなった方々の遺骨が、お寺に預けられたり、土中に埋められたりされたと聞いています。それらの遺骨の行方が気になって仕方がないのです。真偽はわかりませんが、日本人の遺骨は大連のお寺に一カ所に集めて納めてあるという話も聞きました。国でちゃんと整理されているのであればよろしいのですが……」

※

同様の話は、新京（現・長春）など、ほかの満州の地からの引揚者からも聞く。山本さんは、「大きな問題ですよ。日本政府がしっかり対応してほしい。国民も無関心ではこまるのです」と話す。

◆

台湾とフィリピンの間にあるバシー海峡に輸送船とともに沈んだ日本兵を慰霊するお寺を台湾に私財を投げ打って建てた静岡市の中島秀次さん（88）のことを知らせてくれたのは、埼玉県鳩山市の広沢衆子さんの手紙だった。

※

「フィリピンと台湾の間にはバシー海峡があります。その海峡で、25万人以上の将兵、5000トン級の軍艦200隻がいまだに、海底に放置されたままなのをご存じでしょうか。

その霊を祀ったお寺が台湾最南端の恒春半島のマオビタオ（猫鼻頭）という場所にあります。名前は『潮音寺』高雄からは２００キロの場所です」

「バシー海峡は戦前、日本の領海でした。この海を幾多の軍艦、貨物船、病院船などが通過しました。だが昭和19年の暮れには、海、空ともにアメリカに制圧されてしまい、日本の軍艦はアメリカの機銃掃射、潜水艦からの攻撃で大打撃を受けました。病院船までもが攻撃の対象になったのです。その結果として25万人以上の将兵がここで亡くなりました。遺体の収容は、主に日本陸軍が行ったそうですが、地元の台湾の人も協力を惜しまなかったそうです」

「マオビダオの海岸は遠浅です。ここにも約２５００人分の遺体が打ち寄せられました。その遺体を丘の上の原っぱに移して、荼毘に付し、あるいは土を掘って埋めたといいます。その上に立つお寺こそが潮音寺です」

「昭和56年、中島さんは私財を投げ打って潮音寺を建立されました。中島さんは、玉津丸という５０００人乗りの輸送船に乗船していてアメリカ軍に攻撃され、海に投げ出されましたが、筏のようなものにつかまって12日間、漂流した経験があります。玉津丸で助かったのは中島さんを含めて5人だけだったといいます」

※

「どれだけの日本人がバシー海峡で起きた悲劇を知っているでしょうか。彼らの死はいったい何だったのでしょうか？　死者にとってもこの国は祖国なのです。バシー海峡の25万人の将兵は日本国から顕彰されてしかるべき方々です。あまりにも政府も国民も鈍感で、冷た過ぎると思います。私はどうしても、バシー海峡の悲惨さを、多くの日本人に知ってもらいたいのです」

「潮音寺を管理してくださっているのは、高雄の台湾女性です。女性は細かいことは申しませんでしたが、寺の管理も広い境内の掃除も、たまに日本からやってくる参拝者の御世話も、この女性が個人のお志でなさっておられるのです」

「日本国のために命を捧げた人々に対して、現地の人に、金銭面までおんぶにだっこの任せきりでいいのでしょうか？　私は身の置き所のないような恥ずかしさを覚えました。日本からの参拝者は年間200人ぐらいだそうです。ご遺族がすでに高齢化している現状では、仕方がないのかもしれませんが、あまりに少ない数です」

「どうしても多くの人々にバシー海峡に眠る25万将兵のことを知っていただきたく、つい感情的な文章になったかと思います。私自身は毎年、身体とお金の続く限り参拝します」

3

◆

本間大智さん（31）は、日蓮宗「妙圓寺」（東京都渋谷区）の副住職。パラオやガダルカナルでの慰霊巡拝を続けている。

※

「『あなたを忘れない　戦没者遺骨収集のいま』の連載には、強く胸を打たれました。私はもともと歴史学科出身で、大東亜戦争を研究していた関係もあり、戦没者の方々の慰霊供養に熱心に取り組んで行きたいと考えております」

「今でも戦地を巡る慰霊団は少なくなく、私も以前、パラオでの慰霊供養に参加しましたが、交通事業が良くない地域だと、供養のために出向く僧侶がほとんどいないと聞いております。戦争から長い年月が経ち、忘れてはいけない歴史が記憶から薄れてきた現代、僧侶が率先して慰霊を担うべきという思いを強くしております。若手僧侶有志で勉強会を重ね、ソロモン会の方々とともに、ガダルカナル島で1週間、ご供養もさせていただきました。帰国後は、大変ありがたいことに、遺族の皆様から御礼の手紙をいただきました。『今後、英霊のご供養はどうなるのか』という心配が、高齢となられたご遺族、戦友の皆様共通のものであったと改めて感じました」

「我々は今後も、各地での慰霊供養を、時間と費用の許す限り行いたいと思っています。当時の歴史、人々に想いを馳せ、慰霊供養を行っている僧侶もいるのだ、ということを知っていただければ、ご遺族、戦友の皆様にも、少しは安心していただけるのでは、と思っております」

「戦時のことを忘れたまま、世界平和を語ることなどけっしてできないでしょう。これからの世代が、戦時の兵隊さんのことをよく知り、よく考えてみたら、『むしゃくしゃして誰でもよかったから』などという理由で、人を刺すような人間にもならないはずです。少しの困難で物事を投げ出すこともないであろうと思います」

※

本間さんは、野口や笹と同じ30代。今後は「遺骨収集事業にも積極的に取り組んで行きたい」という。

◆

ビルマの戦いで、持ち帰った日本兵の遺品を届けようと、今も持ち主を捜している90歳の在米の日系2世の話をしてくれたのは、神奈川県横須賀市の大内義徳さんだ。

※

「『あなたを忘れない』は大変良い企画でした。私は、ビルマの戦いに参戦した日系2世の話をしたいと思います。彼は米シアトル生まれですが、長野の旧制中学を出ており、日本語も不自由はありません。現在90歳で、ニューヨーク近郊に住んでいます。彼は、戦友が持ち帰った日本兵の遺品（日の丸や認識票）を持ち主に返したいと願っています。日の丸には住所が書いてあり、そこへ手紙を送ったのですが、返事はありません。認識票についても、厚生労働省に訪ねたら、『そんな資料は残っていない』とにべもありませんでした。アメリカ軍なら考えられないことです。いったい何のための認識票なのでしょうか？　関係者はみな高齢です。いまのうちに何とか手渡したいと思うのですが……」

◆

「あなたを忘れない」の連載を読んだ、日本新聞協会の担当者からも電話をいただいた。

「大きな反響があったそうですね。恥ずかしながら、私もこのような問題があるのを知りませんでした。ぜひ協会報に原稿を書いていただけませんか」。若い女性の担当者はそう話した。3月30日付「日本新聞協会報」に掲載された原稿を紹介する。

※

○……正直驚いた。反響の大きさにである。「戦没者遺骨収集のいま」を書いた連載企画（2月3日～13日）に寄せられた読者からのお便りは数十通、先の大戦で夫を、兄を、父を亡くした遺族が多かった。「1人分でも多くの遺骨を帰してほしい」と現金が添えられた手紙もあった。ほとんどが70代から80代。年金などの中からやりくりして送ってくださったのか、と思うと胸が熱くなった。

どこまでも続く緑のジャングル
（フィリピン・セブ島）

戦後60年あまりが過ぎた現在、戦没者遺骨収集に関心を持つメディアは少ない。わが産経新聞とて例外ではなかった。データ・ベースを検索しても、ほとんど記事が出てこない。メディアが報じなければ、世間の関心は薄れる。遺族、戦友ら関係者は年々、高齢化するばかり。国（厚生労働省）が行う収集事業は停滞し〝幕引きムード〟さえちらついていた。

だがその一方で、この問題に真摯に取り組もうとしている「若い力」があるのを知った。アルピニストの野口健さん（35）やジャーナリストの笹幸恵さん（34）

らである。野口さんは忙しいスケジュールをやりくりして3度、フィリピンに渡り、いまだに旧日本軍の兵士の遺骨が野ざらしになっている現状を見た。

「国のために命をかけた人たちを国の責任で帰すのは当然ではないか」。その後、野口さんはいろんな機会を捉えて、この問題を訴えていくことになる。影響力と行動力、そして戦略眼も持っている野口さんのことだ。じわじわとその輪は広がり始めている。

この問題に「右」も「左」もない。もしあなたの夫が、大事な家族が当事者だったらどう思うのか……。編集局に届いた多くの手紙は、そのことを改めて気付かせてくれた……◯

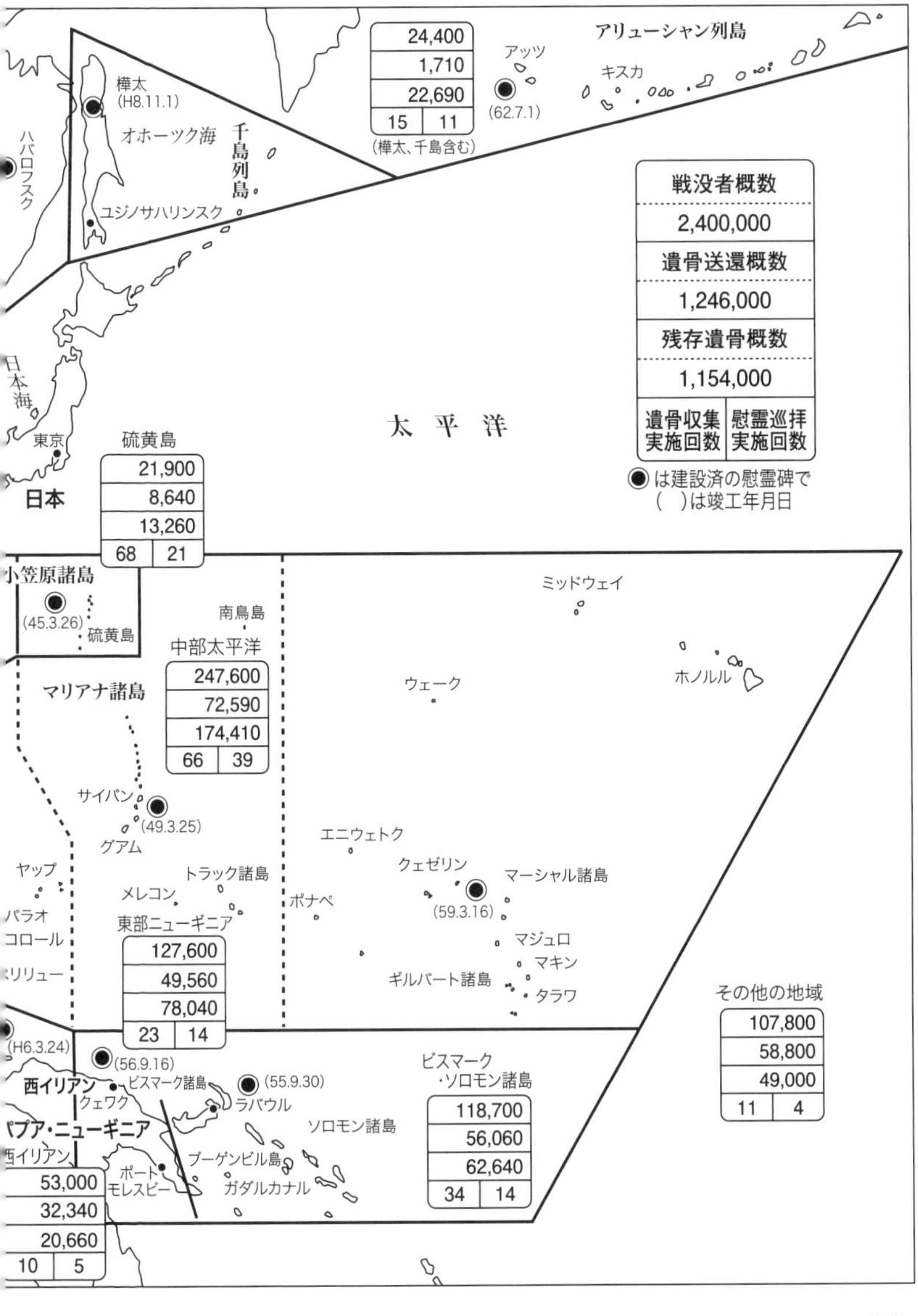

アリューシャン列島
アッツ
キスカ
(62.7.1)
24,400
1,710
22,690
15 11
(樺太、千島含む)
樺太
(H8.11.1)
オホーツク海
千島列島
ユジノサハリンスク
ハバロフスク
戦没者概数
2,400,000
遺骨送還概数
1,246,000
残存遺骨概数
1,154,000
遺骨収集実施回数
慰霊巡拝実施回数
は建設済の慰霊碑で
( )は竣工年月日
太 平 洋
日本海
東京
日本
硫黄島
21,900
8,640
13,260
68 21
小笠原諸島
(45.3.26)
硫黄島
南鳥島
中部太平洋
247,600
72,590
174,410
66 39
マリアナ諸島
サイパン
(49.3.25)
グアム
ミッドウェイ
ウェーク
ホノルル
エニウェトク
クェゼリン
マーシャル諸島
(59.3.16)
ポナペ
マジュロ
マキン
ギルバート諸島
タラワ
ヤップ
パラオ
コロール
トラック諸島
メレヨン
東部ニューギニア
127,600
49,560
78,040
23 14
(H6.3.24)
(56.9.16)
西イリアン
ビスマーク諸島
クェワク
(55.9.30)
ラバウル
ソロモン諸島
パプア・ニューギニア
ブーゲンビル島
ポート
モレスビー
ガダルカナル
53,000
32,340
20,660
10 5
ビスマーク
・ソロモン諸島
118,700
56,060
62,640
34 14
その他の地域
107,800
58,800
49,000
11 4

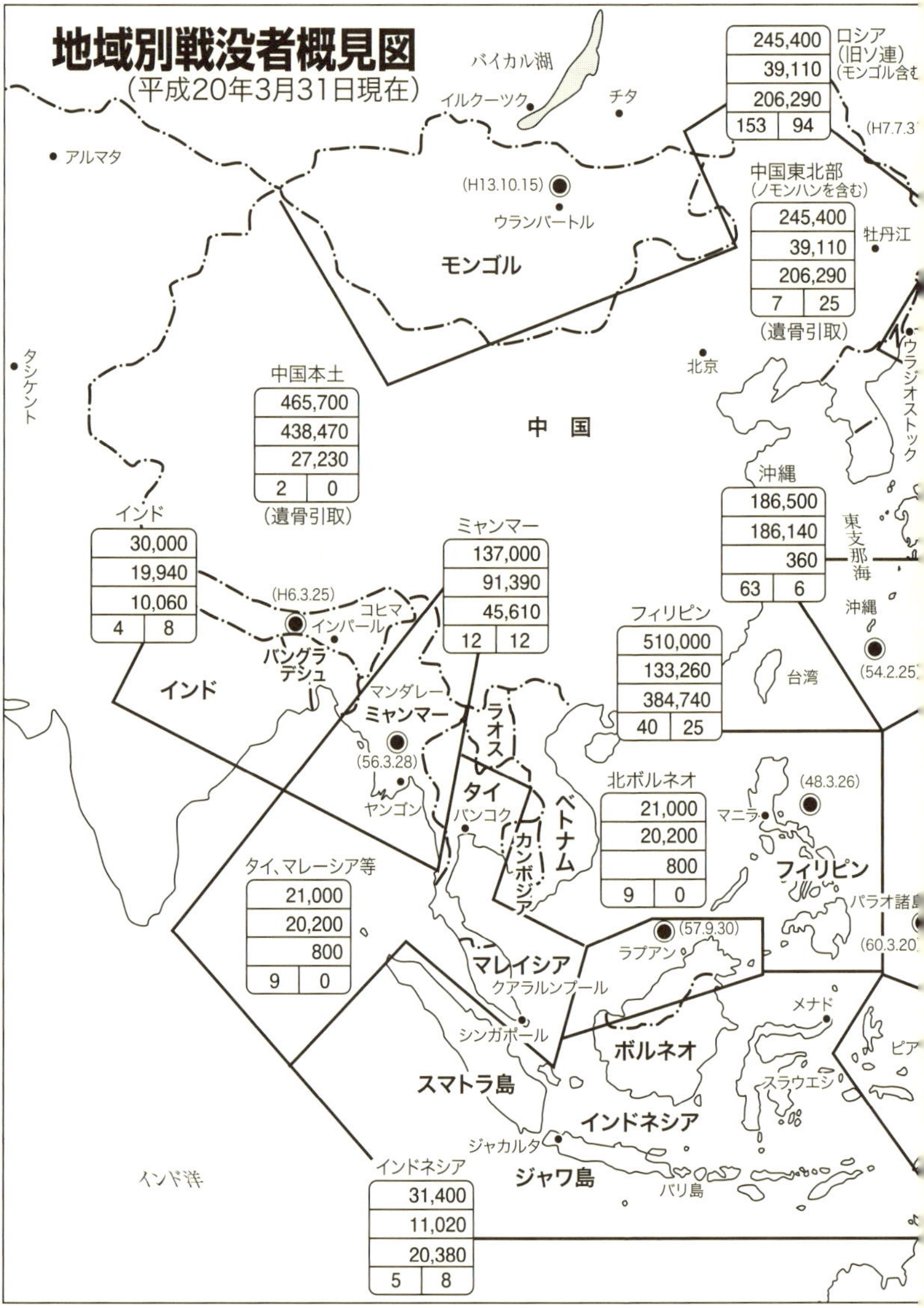
地域別戦没者概見図
(平成20年3月31日現在)
バイカル湖
イルクーツク
チタ
アルマタ
(H13.10.15)
ウランバートル
モンゴル
ロシア
(旧ソ連)
245,400
39,110
206,290
153
94
中国東北部
(ノモンハンを含む)
245,400
39,110
206,290
7
25
(遺骨引取)
牡丹江
北京
中　国
タシケント
中国本土
465,700
438,470
27,230
2
0
(遺骨引取)
インド
30,000
19,940
10,060
4
8
(H6.3.25)
コヒマ
インパール
バングラデシュ
インド
ミャンマー
137,000
91,390
45,610
12
12
マンダレー
ミャンマー
(56.3.28)
ヤンゴン
ラオス
タイ
バンコク
カンボジア
ベトナム
沖縄
186,500
186,140
360
63
6
東支那海
沖縄
(54.2.25)
台湾
フィリピン
510,000
133,260
384,740
40
25
北ボルネオ
21,000
20,200
800
9
0
(48.3.26)
マニラ
フィリピン
パラオ諸島
(60.3.20)
タイ、マレーシア等
21,000
20,200
800
9
0
(57.9.30)
ラブアン
マレイシア
クアラルンプール
シンガポール
ボルネオ
メナド
スラウエシ
スマトラ島
インドネシア
ジャカルタ
ジャワ島
バリ島
インド洋
インドネシア
31,400
11,020
20,380
5
8
ウラジオストック

「火」がつき始めた　2009年夏・フィリピン

1

2009年5月、約2カ月間のヒマラヤ遠征から帰国した野口健は、真っ先に靖国神社に駆けつけ、参拝をした。

5月25日には、千鳥ヶ淵戦没者墓苑で行われた拝礼式に出席、昨年1年間に収集された1406人分の「身元がわからない遺骨」を墓苑に迎えた。

この数は昨年度の629人分、一昨年の973人分、その前年度の398人分に比べても格段に多い。これというのも、昨年秋以降、NPO法人「空援隊」による新たな制度の構築で、フィリピンでの遺骨収集が飛躍的に進んだためである。

まさに、この一年間で、「遺骨収集をめぐる状況」はすっかり、様変わりしたと言っていい。この数字がそのことを証明している。

野口と空援隊の理事・事務局長の倉田宇山は、その足で、防衛省を訪れ、浜田靖一防衛相に面会した。遺骨収集事業への防衛省の協力を求めるためである。

浜田は、空援隊の顧問を務めており、かねてからこの問題への関心は強い。だが、防衛省を預かるトップに座っているいまは、軽々に発言することはできない。国の遺骨収集事業は厚生労働省の担当であり、防衛省・自衛隊の協力には〝霞が関の壁〟が立ち塞がっているからだ。

倉田によれば、協力について、浜田は「厚労省側から協力要請があればなぁ……」と語ったという。ただ、実際にそうした要請があったとしても、今の防衛省内に、「海外での遺骨収集事業に積極的に協力したい」という意識があるか、と言えば、それははなはだ疑わしい。

すでに、自衛隊が協力している国内の硫黄島などを除いて、海外で自衛隊が活動するには、様々な制約がある。国連や国際的な協力活動以外で、自衛隊の部隊が来ることに、抵抗感を持つ国も少なくない。

だが、こうした制約を踏まえた上でも、倉田は「すぐにでも防衛省ができることがある」という。自衛隊が儀仗(ぎじょう)隊を編成して、祖国へ帰ってくる戦没者の遺骨を栄誉礼で迎えることだ。

倉田によれば、実際に羽田空港が国際線に使われていた時代には、防衛庁幹部と自衛隊の儀仗隊が英霊を出迎えていたのだという。それが、成田空港に替わってから、いつの間にか行われなくなった。

野口は今年3月、419人分の遺骨と一緒にフィリピンから帰国したとき、「もし、到着ロビーがひっそりと静まりかえり、〝犯罪人〟のように故郷に帰るのでは、国の為に命をかけた人たちにあまりにも申し訳ない」と心配していた。

幸いこのときは、多くの関係者が温かく出迎えることができた。だが、もちろん、自衛隊の儀仗隊はいなかった。

戦争へ行くときは、「国のために戦ってこい」と盛大に送り出された人たちが、60年ぶりに帰国するのである。まともな国家なら、最高の栄誉を彼らに与えて、最大限のもてなしで出迎えるのが当然であろう。

民間主催の懸賞論文問題で航空幕僚長を更迭された田母神俊雄は、「この国のリーダー、政治家、官僚、マスメディア、そして日本の社会全体が〝事なかれ主義〟に冒されている」と厳しく批判している。

もし、戦没者の遺骨を出迎えるのに自衛隊を出せば、「左翼にかぶれたマスコミが『戦争を美化している』と噛みつくかもしれない」、「中国や韓国が反発するかもしれない」……。そう考えると、たちまち〝思考停止状態〟に陥ってしまい、「触らぬ神に祟りなし」と首をすくめてしまうのが、今の日本の問題なのである。

これが、「まともな国家」の姿と言えるだろうか？　いや、「まともな国家」ではないからこそ、遺骨収集への取り組みが停滞していたのである。

2

今年5月17日から23日にかけて、空援隊の遺骨収集団は再び、フィリピンへと飛んだ。収集団には、厚労省の職員2人が加わっているが、3月に続いて、事実上、空援隊独自の「民間の収集団」と言える。

青い空と緑のジャングル
（フィリピン・ネグロス島）

ルソン島北部、ミンドロ島、セブ島、レイテ島を回り、実に１２６０人分の遺骨を収集し、日本へ持ち帰った。

昨年11月に新方式を構築して以来、空援隊が持ち帰った（形式として、政府派遣団となっているものも含む）遺骨は、昨年11月、２４９人分、今年1月、５１７人分、3月、４１９人分、5月、１２６０人分、まさに〝破竹の勢い〟である。

すでに書いたが、ここ数年、政府の収集団が「全世界で一年間かけて」収集した遺骨数は、ずっと１００0人分に届いていなかった。それが、5月で言えば、フィリピンだけのたった1回の派遣で集めた遺骨数の方が上まわっている。これほどまでの「実績」を見せつけられれば、厚労省が何を言っても説得力はない。

ミンドロ島では、狭い洞穴の中で、1000人分に達するのではないか、と見られる夥しい数の遺骨が新たに見つかった。倉田によれば、集団自決ではなく、「餓死ではないか」という。ここは、今回だけではすべてを収集することができず、改めて、収集団を派遣することになった。

現在、空援隊はフィリピン国内に、10人の現地スタッフを抱え、さらにその下では、150人のスタッフがさまざまな島で、日本兵の遺骨情報を集めるために、奔走している。このやり方の最大の特徴は、「日本人が遺骨を見つけるのではなく、現地人の情報によって現地人が集めること」（倉田）にあるのだ。

全島ですすめる予定の遺骨の仮安置所の建設も急ピッチで進んでいる。倉田は、「すでに遺骨を収集するシステムとネットワークはできた。予算と人員をもっと投入すれば、1万人分でも、2万人分でも遺骨を収集することができるであろう」と豪語する。

ここ数カ月で、空援隊が収集した実績をみれば、その言葉も信憑性を帯びてくる。倉田によれば、この方式は、フィリピンに限ったことではなく、インドネシアなど、他の国でも適用可能だという。

ただ、5月の派遣では、新たな課題も見つかった。ひとつは、遺骨の運搬の問題だ。

フィリピン国内の仮安置所で

1260人分の遺骨は、焼骨をしてもなお、重量が約700キロ。それを段ボールにつめて、民間機で日本まで運ぶ。今後、倉田が言うように1万人規模に膨れあがったときにどうするのか？　運搬の手間だけでなく、費用も膨大になる。改めて、自衛隊の輸送機や艦船の活用などを検討する必要が出てくるだろう。

もうひとつの課題は、空援隊の現地スタッフ（日本人）が遺骨を車で運搬中、現地の警察に拘束されてしまったことだ。容疑は「大量殺人」。大量の遺骨を自動車に積んでいるのだから、事情を知らない現地警察から疑いをかけられても仕方がない。

事情を説明しても警察側は、「遺骨の移送許可書や証明書がない」の一点張り。結局、今後は、派遣団のすべての班に、フィリピン国立博物館の職員を同行せざるを得なくなった。

これでは、せっかく遺骨を見つけても、自由に行動することはできない。倉田は、日本政府を通じて、フィリピン政府に、自由な行動を保証する通行証の発行を求めることにした。

それから、最大の課題は、予算（お金）の問題である。当たり前のことだが、収集する遺骨が増えれば増えるほど、お金はかかってしまう。今年3月、空援隊は12億円規模の基金の創設を発表したが、現在までに集まったのは数百万円。現時点では、派遣費用も現地人へ支払う報酬も、空援隊が自前で賄うしかない。

ついに倉田は、国に対して、民間の遺骨収集事業として、新たな予算をつけてくれるように求める決意をした。

「昨年までなら、こんな要求はできなかったし、国からお金を貰うつもりもなかった。だが今は違う。間違いなく実績があがっている。もっと予算と人員をかければ、さらに収集できることがわかっているのだから、堂々と要求するつもりだ」

3

政治家サイドにも新たな動きが出てきている。

遺骨収集事業については、何の法律もないことはすでに書いた通りだ。これに対して、民主党、自民党の国会議員有志が、それぞれの党の中で、法制化に向けた取り組みを始めたのである。議員連盟を作ろうという動きもでてきた。

法制化については過去にも国会で、何人かの議員が質問を行っているが、政府側は明確な答弁をしていない。そのまま60年の歳月が流れてしまった。

政治家は、世論が沸かねば、なかなか動かない。逆に言えば、世論には人一倍敏感な嗅覚をもっている。

「野口さんがこの問題に熱心に取り組んでいることが政治家を動かしたに違いない」と倉田は見ている。野口が動き、さまざまな機会を捕らえて発信する。そして、メディアも報じる。社会的な影響力が大きい野口の動きを、政治家も敏感に捕らえているのではないか、というのだ。

たとえそうであっても、この問題にとっては悪いことではない。政治家が動けば、霞が関の官僚も動かざるを得ないからだ。そして国民にも関心は広がって行く。

これが〝たった1年間〟で起こったことなのである。

ほんの数年前、当時の厚労相が遺骨収集事業の〝幕引き〟を示唆する発言を行い、ほとんどのメディアも国民も、それに無関心だった。

それが、再び活力を取り戻し、政治家が動き、現在の舛添要一厚労相は国会答弁で、空援隊の名前まで出して、その活動に称賛を送ったのである。

野口は言い続けてきた。「政治家こそが声を上げねばならない」と。ようやく、そこに「火」がつき始めた。

ただ、そうは言ってもまだ始まったばかり。ゴールは遥か先である。

野口や倉田が、「今後5年間が正念場」と考えていることはすでに述べた。決して、ノンビリとはしていられない。むしろ、もっともっとペースを上げねば、追いつかないのだ。

空援隊は今年（２００９）６月か７月にも再び、フィリピンへ行く。その熱気に煽られたのか、一度も現地へ行ったことがない、厚労省の担当課長が行くという話も持ち上がっている。

野口が再び、フィリピンの地を踏むのは８月になりそうだ。昨年３月に初めて、遺骨収集のためにフィリピンに渡ってから約１年半。さまざまな人たちの情熱と行動によって、遺骨収集問題には、いま、確実に「フォローの風」が吹き始めている。


（文中敬称略）

結びにかえて

政治やスポーツの世界には「たったひとりで局面をガラリと変えてしまう力」を持った人がいる。野口健さんは、そんな力を持っているようだ。

本文中では「突破力」という表現を使ったが、迸(ほとばし)るような情熱と行動力、揺るぎのない信念、そして確かな戦略眼によって、さまざまな局面をひとりで変えてきた。環境問題しかり、今回の遺骨収集問題しかりである。

野口さんは極めてエネルギッシュだ。複数の問題に同時並行で取り組んでいるために、スケジュールは常にギッシリ……。

「何が野口さんを駆り立てているのか？」と尋ねたことがある。彼の答えは、「僕が〝落ちこぼれ〟だったからですよ」。

お父さんは東大出のキャリア外交官。お母さんはエジプト人の元スチュワーデス。だが、両親の離婚もあって、気持ちが荒み、学校の成績は低迷。高校時代には、暴行事件を起こし、退学寸前になったこともある。

そんなときに出会った冒険家の植村直己さんの本が、野口さんを山へと導いた。「〝落ちこぼれ〟の僕でも何か、できることを見せたかった」という。その後の野口さんの素晴らしい活躍ぶりは、よく知られている通りである。

野口さんと言えば、国政選挙の度に、候補者としてメディアに名前が上がる。本人も政治には並々ならぬ関心を持っており、実際に出馬寸前にまで行ったこともある。

だが、大いに悩んだ末、結局、彼は立候補しなかった。そのことも問うた。

「単なる『タレント議員』にはなりたくなかったんですよ。僕はまだまだ勉強が足りない。専門といえる分野もない。それに、議員バッジをつけるだけが政治と関わる方法ではないでしょう」野口さんはそう言った。

ただし、「政治を決して諦めてはいけない」というのが野口さんの持論である。

今の日本を見渡してみれば、経済も社会もメディアも、出口が見えないような閉塞感に支配されている。そして、リーダーシップをとるべき政治が迷走しているのだから、どうしようもない。

そんな政界だからこそ、野口さんのような若くて「突破力」のある人に、思う存分暴れてほしい、と願っているのだが、彼は静かに微笑むばかり。いつかは、そんな時が来るかもしれない。

数年前から、私はこうした野口さんの行動に関心を持ち、何度もインタビューを行い、産経新聞や月刊『正論』で、記事を書いた。本書はその中でも、遺骨収集問題にスポットを当て、大幅に加筆、修正したものである。

本文中に書いたように、野口さんの参入によって、遺骨収集問題は、大きく様変わりし始めた。しかも、驚くべきスピードでである。

今後、国民全体に関心が広がり、1人でも多くの人（遺骨）が、懐かしい故郷、愛する家族のもとへ帰ることができるよう願ってやまない。

本書の執筆にあたっては、野口さんやNPO法人「空援隊」の倉田宇山さん、この問題に取り組んでいる関係者の皆さん、そして執筆を勧めていただいた産経新聞出版の山本泰夫前社長、担当の穐田浩治さん、産経新聞の片山雅文編集局長、勅使河原豊文化部長ら、多くの方に御世話になりました。この場を借りて、感謝の意を表します。

平成21年7月

産経新聞文化部編集委員　喜多　由浩

〈著者略歴〉

喜多（きた） 由浩（よしひろ）

産経新聞編集局文化部編集委員

昭和35（1960）年大阪府出身。立命館大学卒。59年大阪新聞社入社、平成5年産経新聞に移り、社会部次長、月刊『正論』編集部次長などを経て、21年7月から現職。著書に『満州唱歌よ、もう一度』（扶桑社）。

野口健が聞いた 英霊の声なき声

2009年8月15日　第1刷発行

著　者　喜多　由浩
発行者　皆川　豪志
発行所　産経新聞出版
〒100-8077
東京都千代田区大手町1－7－2
産経新聞社11階
電 話　03－3242－9930
FAX　03－3243－0573
発　売　日本工業新聞新社
電 話　03－3243－0571（書籍営業）
印刷・製本　サンケイ総合印刷

ISBN978-4-8191-1063-1 C0095
定価はカバーに表示してあります。
乱丁・落丁本の場合はお取り替えいたします。